重大自然灾害下云南山区公路交通生命线应急保障关键技术

杨 童 马 聪 杨 俊 王晓安 等 著

人民交通出版社

北 京

内 容 提 要

本书分别对重大自然灾害下公路交通生命线信息采集及提取方法、状态快速诊断技术、通路分析理论、灾后救援队伍应急通行交通组织管理、救援队伍应急通行管理技术以及应急管理预案、应急管理系统进行了研究,提出了新的理论和方法,对多源信息融合技术在道路交通领域的应用以及高原山区交通生命线突发灾变快速救援,保障综合交通生命线网络的通畅与安全具有一定的参考价值。

本书可供我国从事公路交通管理、应急管理和科研工作者参考使用。

图书在版编目(CIP)数据

重大自然灾害下云南山区公路交通生命线应急保障关键技术 / 杨童等著. — 北京 : 人民交通出版社股份有限公司, 2024.6
ISBN 978-7-114-19551-8

Ⅰ.①重… Ⅱ.①杨… Ⅲ.①自然灾害—公路运输—生命线系统工程—应急系统—研究—云南 Ⅳ.①U492.8

中国国家版本馆 CIP 数据核字(2024)第 107030 号

Zhongda Ziran Zaihai xia Yunnan Shanqu Gonglu Jiaotong Shengmingxian Yingji Baozhang Guanjian Jishu

书　　名	重大自然灾害下云南山区公路交通生命线应急保障关键技术
著 作 者	杨　童　马　聪　杨　俊　王晓安　等
责任编辑	黎小东　朱伟康
责任校对	赵媛媛
责任印制	刘高彤
出版发行	人民交通出版社
地　　址	(100011)北京市朝阳区安定门外外馆斜街 3 号
网　　址	http://www.ccpcl.com.cn
销售电话	(010)59757973
总 经 销	人民交通出版社发行部
经　　销	各地新华书店
印　　刷	北京市密东印刷有限公司
开　　本	710×1000　1/16
印　　张	13
字　　数	226 千
版　　次	2024 年 6 月　第 1 版
印　　次	2024 年 6 月　第 1 次印刷
书　　号	ISBN 978-7-114-19551-8
定　　价	80.00 元

(有印刷、装订质量问题的图书,由本社负责调换)

《重大自然灾害下云南山区公路交通生命线应急保障关键技术》

编写委员会

主　　编：杨　童　马　聪　杨　俊　王晓安

参编人员：张开文　李志中　和永军　蒙　奕　张　云
　　　　　　傅　蕊　熊蓝青　计　斌　王　璐　张春文
　　　　　　尹睿祺　徐　民　陈　瑶　杜慧宇　段国忠
　　　　　　何　磊　李昊明　赵志攀　赵鹏燕　刘　兵
　　　　　　彭国栋　桑　东　张为猛　吴　瑾　毛肖杰
　　　　　　张　艳　朱云波　刘　宇　侯效伟　张　翔
　　　　　　窦志荣　郭阁阁　常国威　肖兰波　非跃辉
　　　　　　刘　晔　孙守卫

前　言

云南省地处印度洋板块与欧亚板块碰撞带东侧，新构造与现代构造运动强烈，导致地震灾害时有发生，同时受南下冷空气和西南暖湿气流共同影响，全省总体上雨量充沛，但时空分布极不均匀，极易形成单点暴雨、风雹等强对流天气，进而导致严重的山洪、泥石流、滑坡、崩塌等自然灾害。在发生重大自然灾害时通常出现以下问题：第一，重大自然灾害下道路状态信息缺乏，影响救援效率，因此需要利用科技手段进行实时监测，对交通生命线状态进行快速诊断；第二，由于道路运输水平仍不能自如地满足应急要求，必须构建合适的道路运输应急通行管理系统；第三，灾后应急管理针对性不强，各类应急预案宽泛、缺乏可操作性，急需建立健全交通生命线网络应急管理预案体系辅助灾后公路交通抢险救灾工作。因此，本书主要从以下几方面进行了分析：第一，在借鉴国内外相关研究成果的基础上，选择满足信息需求的交通生命线信息采集技术，构建交通生命线多源信息融合算法对多源信息进行综合处理和判断，从而进行交通生命线状态和环境判定、事故检测等，为道路救援最优路径的选择提供信息基础，以保障灾变事件下交通生命线的安全和畅通；第二，围绕重大自然灾害下公路交通生命线状态快速诊断技术和通路分析理论开展研究，解决公路交通生命线在灾害发生后状态的快速诊断与判断、通路分析和最优救援路径搜索等问题；第三，针对重大灾害事件应急救援工作的需要，对进入灾区进行应急救援的应急工程抢险队、应急物资运输队、医疗卫生抢险队等各专业救援队伍进行合理的交通引导，对参与应急救援驳接的道路交通枢纽、水路港口枢纽、铁路枢纽及航空枢纽进行合理的驳接保障管理；第四，制定针对灾后道路需求的应急管理预案，弥补现有应急预案的不足。

本书共分为 10 章。第 1 章绪论,介绍了本书写作背景和目的,对国内外研究现状进行了分析,提出了本书主要内容和技术路线;第 2 章云南省重大自然灾害类型及分布特点,对云南省环境背景、重大自然灾害类型、灾害时间和地域分布特点进行了分析,对重大自然灾害下公路交通生命线信息进行了需求分析;第 3 章公路交通生命线信息采集及提取方法研究,分别对灾后公路交通生命线信息采集方式、灾情信息传输方式、重大自然灾害下公路交通生命线信息提取进行了分析,提出了多源公路交通生命线信息融合方法;第 4 章灾后公路破坏快速诊断技术,通过对公路破坏指标的分析,提出基于公路破坏指标的快速诊断技术;第 5 章公路交通生命线通路分析技术,对最优救援通道的影响因素、评价指标、目标函数进行了分析,分别提出路网正常运营状态下和路网破坏状态下最优救援通道搜索模型及修复算法;第 6 章灾后救援队伍应急通行交通组织管理目标及决策依据,分别提出了应急通行交通组织管理目标和管理决策依据;第 7 章灾后救援队伍应急通行管理技术,分别提出了灾后公路应急通行快速抢修技术、路径选择模型、交通组织技术、路径引导技术;第 8 章以道路交通生命线为核心的综合运输系统驳接管理技术,介绍了综合运输驳接管理的模型,建立了灾害条件下以道路为核心的综合运输驳接管理模型,提出了综合运输系统通达性和运输效率评估方法;第 9 章重大自然灾害下交通生命线网络应急管理预案,对重大自然灾害下交通生命线网络应急组织体系、应急响应流程进行了分析,提出了应急管理预案制定方法,构建了动态应急方案的生成过程,提出了应急预案效果评价模型;第 10 章交通生命线网络应急管理系统,提出了应急管理系统框架、生命线诊断模型以及测试系统开发方案。

本书依托云南省科学技术厅社会发展科技计划项目"重大自然灾害下云南山区公路交通生命线应急保障决策支持技术与系统研究开发"(项目编号:2012CA004)和云南省交通科学研究院有限公司自主立项科研项

目"公路运营安全风险评估技术和重大自然灾害下应急保障关键技术应用研究"(项目编号:JKYZLX-2023-18)的研究成果编写而成。本书可为灾后公路交通基础设施的应急管理提供决策参考,对在最短时间内开展有效的应急救援工作,实现快速救援、减少损失,保障综合交通生命线网络的通畅与安全具有一定的参考价值。

由于编写人员水平有限,书中难免存在不足和疏漏之处,敬请读者批评指正。

作 者
2024 年 3 月

目　　录

第1章　绪论 ································· 1
　1.1　研究背景 ······························ 1
　1.2　研究目的 ······························ 3
　1.3　国内外研究现状 ························ 4
　1.4　主要研究内容 ·························· 28
　1.5　技术路线 ······························ 31

第2章　云南省重大自然灾害类型及分布特点 ···· 33
　2.1　云南省环境背景 ························ 33
　2.2　云南省重大自然灾害类型 ················ 34
　2.3　云南省重大自然灾害时间和地域分布特点 ···· 35
　2.4　重大自然灾害下公路交通生命线信息需求分析 ·· 39
　2.5　本章小结 ······························ 46

第3章　公路交通生命线信息采集及提取方法研究 · 47
　3.1　灾后公路交通生命线信息采集方式 ········ 47
　3.2　灾情信息传输方式 ······················ 51
　3.3　重大自然灾害下公路交通生命线信息提取研究 ·· 52
　3.4　多源公路交通生命线信息融合方法研究 ····· 57
　3.5　本章小结 ······························ 64

第4章　灾后公路破坏快速诊断技术 ············ 65
　4.1　公路破坏指标 ·························· 65
　4.2　基于公路破坏指标的快速诊断技术 ········ 73
　4.3　本章小结 ······························ 78

第5章　公路交通生命线通路分析技术 ·········· 79
　5.1　最优救援通道的定义 ···················· 79

5.2 网络通路影响因素分析 ·· 80
5.3 最优应急救援通道的评价指标 ·· 81
5.4 最优应急救援通道的目标函数 ·· 82
5.5 路网正常运营状态下最优救援通道搜索模型 ······················ 83
5.6 路网破坏状态下最优救援通道修复算法 ····························· 84
5.7 本章小结 ··· 87

第6章 灾后救援队伍应急通行交通组织管理目标及决策依据 ······· 88
6.1 应急通行交通组织管理目标 ·· 88
6.2 应急通行交通组织管理决策依据 ······································ 89
6.3 本章小结 ··· 96

第7章 灾后救援队伍应急通行管理技术 ······························ 97
7.1 灾后公路应急通行快速抢修技术 ······································ 97
7.2 灾后应急通行路径选择模型 ··· 100
7.3 灾后应急通行交通组织技术 ··· 104
7.4 灾后应急通行路径引导技术 ··· 105
7.5 本章小结 ·· 110

第8章 以道路交通生命线为核心的综合运输系统驳接管理技术 ······ 111
8.1 综合运输驳接管理的模型描述 ······································ 111
8.2 灾害条件下以道路为核心综合运输驳接管理模型的建立 ······ 113
8.3 综合运输系统通达性和运输效率评估 ····························· 120
8.4 本章小结 ·· 122

第9章 重大自然灾害下交通生命线网络应急管理预案 ·············· 123
9.1 重大自然灾害下交通生命线网络应急组织体系研究 ············ 123
9.2 重大自然灾害下交通生命线网络应急响应流程研究 ············ 134
9.3 应急管理预案制定 ·· 151
9.4 动态应急方案的生成过程构建 ······································ 166
9.5 应急预案效果评价 ·· 168
9.6 本章小结 ·· 177

第10章　交通生命线网络应急管理系统 …………………… 179
　10.1　应急管理系统框架 …………………… 179
　10.2　生命线诊断 …………………… 183
　10.3　测试系统开发 …………………… 187
参考文献 …………………… 190

第1章 绪 论

1.1 研究背景

云南省地处印度洋板块与欧亚板块碰撞带东侧,新构造与现代构造运动强烈,导致地震灾害时有发生。受南下冷空气和西南暖湿气流共同影响,全省总体上雨量充沛,但时空分布极不均匀,极易形成单点暴雨、风雹等强对流天气,进而导致严重的山洪、泥石流、滑坡、崩塌等自然灾害。研究重大自然灾害下云南山区公路交通生命线应急保障关键技术,主要基于以下三个方面的原因。

(1)重大自然灾害下道路状态信息缺乏,影响救援效率,因此需要利用科技手段进行实时监测,对交通生命线状态进行快速诊断。

从历次重大灾害的抢险救灾工作过程来看,具备专业技术和能力的专业人员很难及时到达公路抢通作业的现场,即使有少部分技术人员能够到达现场,相对于公路破坏路段的数量而言也是杯水车薪,绝大多数时间只能依赖现场作业人员的个人努力,而缺乏专业的技术人员和专家的指导,对高效打通交通线十分不利。同时,后方指挥中心对前方公路设施破坏的具体情况、需要的抢修力量和资源缺乏直接和细致的了解,往往只能通过前线人员的口头汇报进行了解,这对在全局层面上指挥应急救灾也十分不利。因此,掌握自然灾害对交通生命线的破坏模式以及对自然灾害下交通生命线系统状态信息进行实时监测十分重要。

在重大自然灾害下,公路交通生命线面临许多重大问题:①公路交通生命线被损毁,外界无法获取公路交通生命线状态的有效信息;②缺乏信息导致无法对公路交通生命线状态做出快速诊断;③公路交通生命线状态难以判断,导致无法快速选择应急救援通道,延误救援时机。

因此,针对上述问题,有必要对重大自然灾害下公路交通生命线状态快速诊断技术和通路分析理论开展研究,解决公路交通生命线在灾害发生后状态的快速诊断与判断、通路分析和最优救援路径搜索等问题。

(2)目前道路运输水平仍不能自如地满足应急要求,有必要构建适合我国的道路运输应急通行管理系统。

在地震应急救援工作中,道路应急通行发挥着极为重要的保障作用,一旦道路运输受阻,人员、物资、装备无法及时运输,将会给人民生命和财产安全带来不可估量的损失。如果能够及时运输,便可以挽救更多的生命,减少更多的经济损失。最近十几年,我国进行了大规模的公路建设,促成了公路网的形成,公路网整体功能和技术水平有了极大提高。然而,目前我国的道路运输管理水平还不能自如地应对突发性灾难事件的应急要求。例如,2008年的南方低温雨雪冰冻灾害,由于我国道路应急管理水平的欠缺,导致严重的交通拥堵和一系列重大交通事故,部分高速公路也因此关闭,致使车辆、物资和人员得不到及时疏散,大量旅客、货物滞留,影响人们出行的同时造成资源浪费与巨大经济损失。因此,有必要构建适合我国的道路运输应急通行管理系统,以便有条不紊地应对突发事件。

(3)灾后应急管理针对性不强,各类应急预案宽泛,缺乏可操作性,急需建立健全的交通生命线网络应急管理预案体系来辅助灾后公路交通抢险救灾工作。

自然灾害的不确定性和危害性使得对自然灾害的应对变得非常困难,自然灾害下的应急管理随之产生。各地公路管理部门根据自己的实际情况制定了相关的公路突发事件应急预案。高质量应急预案能够使救援人员在公路突发事件发生后及时、有效、有序取得专业救援人员、技术、物质等资源的支持,并且在尽可能短的时间内恢复交通,减少财产损失和人员伤亡。

但是对依托项目进行的调研结果表明,灾后公路交通基础设施应急管理有以下几方面不足:①现有预案覆盖范围大,具体的处置对策比较笼统,导致预案实用性、可操作性较差,不能有效应对突发事件;②对灾后公路交通进行应急管理的实际操作,多依靠经验进行,缺乏统一的决策依据;③现有的预案都是以文档形式保存和应用,不便实现预案的动态调整,不能很好地利用现场的反馈信息调整实施方案。

因此，很有必要对重大自然灾害下公路交通应急管理预案进行研究，提高应急的响应速度，并生成高质量的应急预案，为公路应急指挥提供技术支持。

1.2 研究目的

本书的研究目的主要有以下几个方面：

（1）在借鉴国内外相关研究成果的基础上，选择满足信息需求的交通生命线信息采集技术，构建交通生命线多源信息融合算法，对多源信息进行综合处理和判断，从而进行交通生命线状态和环境判定、事故检测等，为道路救援最优路径的选择提供信息基础，以保障灾变事件下交通生命线的安全和畅通。研究成果对多源信息融合技术在道路交通领域的应用、云南省等以高原山区为主的地区交通生命线的及时打通、突发灾变事件救援等，都具有一定的参考价值。

（2）围绕重大自然灾害下公路交通生命线状态快速诊断技术和通路分析理论开展研究，解决公路交通生命线在灾害发生后状态的快速诊断与判断、通路分析和最优救援路径搜索等问题，从而在最短时间内开展有效的应急救援工作，实现快速救援、减少损失。

（3）针对重大灾害事件应急救援工作的需要，对进入灾区进行应急救援的应急工程抢险队、应急物资运输队、医疗卫生抢险队等各专业救援队伍进行合理的交通引导，对参与应急救援驳接的道路交通枢纽、水路港口枢纽、铁路枢纽及航空枢纽进行合理的驳接保障管理，以确保整个综合交通生命线网络的通畅与安全。

（4）制定针对灾后道路需求的应急管理预案，以弥补现有应急预案宽泛的不足，为灾后公路交通基础设施的应急管理提供对策参考。此外，实施方案的动态生成模型和实施效果评价体系，可以在灾后根据实时信息动态生成实施方案并根据实施效果对方案进行动态调整，从而提高灾后交通生命线的应急救援效率，保障重大自然灾害下交通生命线的安全与畅通。

1.3　国内外研究现状

1.3.1　重大自然灾害下信息获取及融合技术国内外研究现状

1.3.1.1　遥感图像中道路信息提取的国内外研究现状

道路作为基础地理信息,是地理信息数据的重要组成部分,是地理信息系统(GIS)应用的基础数据。地震发生后,需要对道路信息进行实时更新,判别道路的通行状况,为地震救援争取宝贵时间。随着卫星遥感(RS)技术、航拍技术和 GIS 的发展,多光谱、全色高分辨率航空遥感图像在道路网信息实时更新方面获得广泛应用。

遥感图像道路信息提取的研究,国外始于 20 世纪 70 年代,国内则起步较晚,从 90 年代开始。汶川大地震发生后,我国遥感工作者对道路震害高分辨率遥感信息提取方法进行了探讨,利用震前、震后的高分辨率遥感影像,采用面向对象的图像分类方法进行道路识别,并通过震前道路识别结果与震后影响的叠加和震前、震后道路识别结果的变化,检测提取出损毁的道路,信息提取结果为生命线的尽快抢通提供了依据。

范一大等针对 2008 年初我国南方的低温雨雪冰冻灾害,利用微波和光学遥感数据开展冰雪监测、交通拥堵情况监测评估、雪水当量时空变化监测、地表温度反演与农业受灾评估等,但研究成果尚未在交通运输、能源供应和电力通信等生命线状况的评估方面得以应用。

王艳萍等提出了一种面向对象的道路震害信息提取方法,为灾情监测提供有力基础。

刘虎成基于遥感图像的道路变化检测开展研究,通过建立道路变化检测的综合处理方案,包括像素级道路变化数据集的构建以及道路变化检测算法的设计和优化,为道路状况监测、灾害应急与救援等多种场景提供支持。

江懿楠针对复杂环境下高精度遥感图像的道路识别与提取算法进行深入研究,对当前遥感图像中极易出现云、雾等干扰信息、出现图像畸变、地表特征丢失等问题进行了优化,解决了现有道路提取算法获取的道路信息存在着细节丢失、边缘模糊、路网连续性差等问题。

根据提取道路的自动化程度,道路提取可以分为人工、全自动和半自动三种方式。人工目视解译是最原始、最准确,却是最耗时费力的分类方法,它是一种将遥感图像上不同地物有不同的特征作为判读识别各种地物的依据,进行人工分类的方法;半自动提取方式结合了人类视觉易判别、计算机精确定位二者的优点,目前已取得令人满意的成果,实现了商业化应用;自动提取方式是利用计算机,依据影像信息特征对图像的内容进行分析和判别,虽然目前该方法的精度还不高,但它始终是遥感影像目标识别与提取的发展方向和最终目标。

道路特征的自动提取包括自动分析和理解两方面。道路特征的自动分析是在对遥感影像进行处理之后,能描述总结出道路的特征;道路的理解是利用计算机视觉、人工智能等,通过建立数学模型来对道路进行识别。道路的自动识别目前尚不完善,各种方法都有其优缺点,主要有数学形态学方法、网状模型方法以及面向对象的提取方法等。

①数学形态学方法。数学形态学是最近发展起来的一种理论,它是利用数学形态学变换将灰度图像转化成二值图像,从而降低图像的复杂度,图像中的像素被分成道路和背景两类。利用边缘检测得到线性特征,利用知识规则进行道路识别,最终再对结果进行连接、开闭运算等处理。此方法的优点是图像复杂程度降低,将图像处理问题转化为数学问题,能很好地提取出道路骨架;但缺点是在将图像转化为二值图像时,可能会因噪声影响而误分类,造成一部分道路信息损失。

②网状模型方法。由于实际道路具有相互交叉连接形成网状的特质,而利用各种线性或曲线特征提取算法得到的候选道路段,通常都太离散。网状模型能充分利用道路网的拓扑特性,设定道路连接的评价函数,将候选道路段连接成网,提取出接近实际道路网的结果。

③面向对象的提取方法。传统的遥感影像信息提取方法大多是单纯基于像元,该方法对于处理低空间分辨率的遥感图像可以达到比较好的效果,但随着分辨率的提高,地物的几何结构和纹理信息更加明显,基于像元的方法会因为过多地关注地物的局部细节而难以提取地物的完整结构信息。面向对象的提取方法是一种智能化的自动影像分析方法,它的分析单元不再是单个像元

而是目标对象,不仅考虑了更多的特征,有效解决了高分辨率图像的"椒盐"效应,而且大大减少了计算量。

在 2003 年的国际地球科学与遥感研讨会上,根据面向对象思想设计的遥感影像分类和专题信息提取方法研究已经成为一个热点。很多学者认为,基于对象的处理方式更加适合与知识库结合应用,同时能有效利用影像所拥有的多特征优势,因此也更有利于高层次的分析和决策。Blaschke 等率先提出基于对象的遥感图像分析方法,他采用多尺度分割,生成了影像对象。该方法可以引入除光谱特征之外的其他特征,很容易融入领域知识和专家经验,使得分割后的影像对象比像元具有了更加丰富的语义信息,从而提高了遥感影像分析的智能化水平,减少了遥感分类的不确定性。Mauro 和黄惠萍等利用高分辨率遥感影像对土地利用进行分类,对这种面向对象法分类结果的精确度和准确性进行了肯定。Shackelford 等利用基于对象的模糊分类器组合,成功实现了从 IKONOS 卫星影像上提取城市区域。Schiewe 等指出,如何将不同类型的数据进行整合已成为 RS 与 GIS 结合研究的重点,而面向对象的遥感影像分析将会在这方面发挥积极作用。

针对高分辨率遥感影像的处理难点,面向对象的遥感影像信息提取方法和软件应运而生。目前比较成熟的商业软件有德国 Definiens 公司的 eCognition 和美国 Overwatch System 公司的 Feature Analyst。此外,美国 ERDAS 公司遥感图像处理软件 ERDAS IMAGINE 的 Objective 模块、美国 ITT 公司遥感图像处理软件 ENVI 的 Feature Extraction 模块、加拿大 PCI 公司软件 PCI GEOMATICA 的 FeatureObjeX 模块,均实现了面向对象的特征提取方法。

此次研究利用 ENVI5.0 的 FX 模块来进行道路信息的提取。但是面向对象的遥感影像分析仍处于起步阶段,包括分割尺度选择、特征描述、知识库融合等问题仍待进一步研究。

1.3.1.2 多源信息融合技术的国内外研究现状

信息融合是针对一个系统中使用多种传感器这一特定问题而展开的一种信息处理的新研究方向。信息融合又可以称为多传感器信息融合或多源信息融合。它充分利用不同时间与空间的多传感器数据资源,采用计算机技术对按时间序列获得的多传感器观测数据,在一定准则下进行分析、综合、支配和使用,获得对被测对象的一致性解释与描述,进而实现相应的决策和估计,使系统获得比它的各组成部门更充分的信息。

信息融合技术是在20世纪70年代由美国首先提出的,军事应用是其诞生的源泉。在70年代末,信息融合首先应用于机器人和航空工业,重点应用于军事领域的C3I[指挥(Command)、控制(Control)、通信(Communication)和情报(Information)]任务。进入80年代,美国在战略和战术监视系统的开发中采用信息融合技术进行目标跟踪、目标识别、态势评估和威胁估计,并研制出已广泛应用于大型战略系统、海洋监视系统和小型战术系统的第一代信息融合系统。80年代末期以来,各发达国家已致力于为信息融合设计混合的传感器和处理器,此被称为第二代系统。进入90年代,在1990年美国国防部制定的"国防部关键技术计划"中,数据融合技术被列为20项关键技术之一。目前世界上各主要军事大国都在竞相投入大量的人力、财力和物力进行研究,从而使信息融合技术研究与应用成为实现对多源信息进行有效处理的一个非常活跃的领域。

虽然目前数据融合技术广泛应用于军事等特定领域,但国际上关于此项技术至今尚未形成完整的理论框架和方法。Haydn等将彩色模型变化应用于两种不同传感器获得多光谱数据融合。Waltz等撰写的《多传感器数据融合》全面论述了多传感器数据融合的概念、功能模型以及研究方法,综合报道了数据融合这一领域的最新研究成果和动态,但是并没有深入论述,使得进行具体研究的工作者无法通过该书获得更进一步研究所需要的细节。Hall的专著《多传感器数据融合的数学基础》对数据融合的数学基础做了一般论述,但缺乏关于具体研究细节的论述。Bar Shalom等的专著《跟踪与数据关联》以及由Bar Shalom主编的连续出版物《多传感器多目标跟踪:方法与进展》综合报道了数据融合在目标跟踪这一领域的新思想、新方法和新进展,但没有涉及身份识别、态势估计和威胁估计等研究领域。

康耀红的《数据融合理论与应用》是我国第一本系统介绍和全面研究多传感器数据融合理论与技术的著作。该书详细介绍了国际上多传感器数据融合研究的重心及其发展趋势,对各种多传感器目标检测理论、目标跟踪和自动识别算法以及态势评估和威胁估计模型进行了深刻阐述。刘同明等编著的《数据融合技术及其应用》则侧重于从多传感器多目标多平台数据融合系统的角度介绍数据融合系统体系结构方面的问题,同时引入了最近出现的新的数据融合方法和算法,特别是基于知识工程和专家系统的方法,并对数据融合技术用于军事领域的具体成果方面做了一些较详细的阐述。李弼程等编著的《信息融合技术及其应用》紧跟信息融合技术的发展前沿,从多传感器融合、多分类器融合和遥感影像数据融合3个方面论述了信息融合技术及其应用。

国内外没有一个关于数据融合的统一定论,使得人们根据数据融合的各功能和所要获得的最佳描述与说明,不断地改进和扩充现有的理论与方法。刘纯平针对基于K近邻(KNN)融合方法在遥感图像处理中的不足,提出使用模糊技术与KNN相结合的模糊Kohonen神经网络模糊K近邻(FKNN)融合方法。该方法能够快速收敛,并得到较好的分类结果。

不仅仅是在军事领域,信息融合技术越来越多地应用于其他学科。谢亚娟基于信息融合不确定性理论D-S证据推理理论对洪水风险多源信息进行建模。杨志清采用多源信息融合技术对路网多源信息进行综合分析与处理,建立了高速公路实时风险性评价模型。

综上所述,数据融合技术在工程领域已经得到广泛重视,但是在道路交通领域的应用才刚刚起步,具有广阔的应用前景。

1.3.2　道路状态快速诊断及通路分析国内外研究现状

在重大自然灾害下道路状态快速诊断及通路分析理论方面,与之相关的国内外研究现状主要集中在道路通行能力研究、路网可靠性研究、道路状态判断及最短路径算法研究等方面。

1.3.2.1　路网连通可靠性研究现状

1. 国外路网可靠性研究现状

国外学者从不同侧重点出发,提出了一系列路网可靠性评价指标以及用于计算这些指标的相关评价方法。评价指标包括连通性、行程时间可靠性、路网容量可靠性、遭遇可靠性、出行费用可靠性、交通流衰退可靠性、交通需求满意度可靠性、使用者满意度可靠性、脆弱点、风险等。评价方法主要有终端可靠性评估方法、博弈论技术、蒙特卡罗(Monte Carlo)方法和微观交通仿真技术。纵观整个研究历程,研究重点主要围绕连通性/终端可靠性、行程时间可靠性和路网容量可靠性三大评价指标展开。

21世纪以后,智能交通系统在交通管理中的应用越来越广泛,交通信息服务对交通需求和供给的影响也越来越大。路网可靠性研究逐渐考虑了信息诱导和驾驶人路径选择行为因素,将路网可靠性的基础概念与动态信息诱导等紧密结合,取得了许多研究成果。例如,基于驾驶人行为分析的行程时间可靠性、动态交通信息对路网行程时间可靠性的影响以及将路网容量和出行信息联系起来的遭遇可靠性。随着路网可靠性研究的开展,国际社会对路网可靠性评价技术越加关注。2000—2004年,在英国、日本和新西兰分别召开了3次大型路网可靠性专业领域的国际研讨会。大会研讨并发表了数百篇路网可靠性领域基础研究和技术应用的学术论文,有力地推动了国际路网可靠性研究的发展。

2. 国内路网可靠性研究现状

国内对路网可靠度评价技术的研究起步较晚,但随着道路交通事业的发展,交通出行的可靠性逐渐受到关注,可靠性评价也被逐步引入到交通领域。

熊志华等利用蒙特卡罗法进行模拟,认为不考虑路段相关性会高估路网的可靠性,减少路段间相互影响,有利于降低破坏事件对路网的影响程度和范围。刘海旭等基于路网容量可靠性概念的分析,构造了基于路段走行时间可靠性的路网容量可靠性双层规划模型,用灵敏度分析方法求解了路网容量可靠性模型。

方欢等认为,对连通可靠性、出行时间可靠性、容量可靠性、畅通可靠性等交通系统性能评价指标及其相互关系的正确、客观分析,对于路网可靠与否显得至关重要。

况爱武等基于均匀分布的路段容量,分析了退化路网中路段行程时间的随机变动,构建了概率用户均衡交通分配模型,并证明了等价数学规划模型解的等价性,设计了模型求解算法;在此基础上,建立了路段、路径及起终点(OD)对行程时间可靠性计算模型。

李先结合我国路网可靠性应用需求和数据基础,提出了路网可靠性定义,界定了路网可靠性的研究内涵,并重点提出了适用于大规模路网可靠性分析的两项指标,即基于关键点段识别的连通可靠性和基于统计学原理的行程时间可靠性。

朱顺应等为保证常发或偶发性交通拥挤和阻塞的路段上车辆能在一定的交通管理措施下被疏导,提出用交通网络的可靠度来评价交通路网。交通网络的可靠度是对交通网络应变能力大小的一种度量,它是从网络一节点到另一节点在一定服务水平以上的通达概率。他们采用了饱和度确定法来确定路段的可靠度;然后按照串并联系统可靠度理论,计算出交通网络的可靠度。

郭旭亮从路网可靠性与关键路段相结合的角度,对评估灾后路网交通运行态势进行研究,提出了双注意力机制＋长短期记忆网络的行程时间预测模型,并将其与双层路网模型相融合,为路网可靠性分析及关键路段识别奠定了基础。他将路网可靠性研究分为路段、路径、OD 对、路网四个层次。针对灾后路网结构特点,设计了有效路径的搜索算法,建立了路段连通可靠性和行程时间可靠性计算模型。最终建立灾后路网拓扑＋事件模型,研究路网可靠性、关键路段识别模型及研发路网交通运行态势评估系统,为灾害应急调度与决策提供服务。

1.3.2.2　道路破坏状态诊断研究现状

国内外对道路交通状态的判断研究较多,而对道路本身状态的判断则研究较少。

路网状态快速诊断一般是指对道路的连通状况与事件发生与否做出判断和识别,主要分为交通数据检测和事件探测算法两大部分,算法主要以经验算法为主,检测交通流率和车道占有率两个主要参数的变化特征,并以探测率、误报率和平均检测时间评价事件探测算法的性能。交通事故探测包含两个步骤:①检测交通是否拥堵;②分析拥堵是否由交通事故引发。

目前在国际上,美国和日本对生命线系统抗震问题的研究一直很活跃,其研究大部分集中在对生命线地震工程可靠性的分析以及地震对生命线破坏的评估,进而对生命线设计、施工提出建议。如王汝梁于 1999 年研究埋于地下的生命线管道的地震灾害估计与恢复的先后顺序;Yuh-Wen Chen 及 Gwo. Hshiung Tzeng 针对震后路网灾点的分布情况,构建了模糊多目标模型,且用遗传算法进行求解,给出抢修排险的建议。针对生命线系统在地震情况下易损性分析的文章还有很多,S. E. Chang 通过新的测评方法,分析了 1989 年 Loma Pfiem 地震、1994 年 Northridge 地震和 1995 年 Hyogoken-Nanbu(Kobe)地震对高速公路及其他运输系统的影响。

国内外单纯针对道路在自然灾害中状态变化的研究较少,但是对地质灾害监测预警等的研究较多。研究成果对发现公路交通是否受灾害影响及道路是否受到破坏也具有重要作用,比较典型的地质灾害监测手段有遥感技术。

遥感技术应用于地质灾害研究可追溯到 20 世纪 70 年代末期,在国外,开展得较好的有日本、欧盟等。日本利用遥感图像编制了全国 1/50000 地质灾害分布图;欧盟在大量滑坡、泥石流遥感调查基础上,对遥感技术方法进行了系统总结,提出了识别不同规模、不同亮度或对比度的滑坡和泥石流所需的遥感图像空间分辨率。我国利用遥感技术开展地质灾害调查起步较晚,但进展较快。我国地质灾害遥感研究是在为山区大型工程建设及大江大河洪涝灾害防治服务中逐渐发展起来的。在短短几十年的时间,国内外学者对应用于地质灾害研究的遥感技术做出了卓有成效的研究。

美国学者 H. L. Perotto-Baldiviezo 等基于 GIS 的空间分析与模拟,对位于洪都拉斯南部的滑坡地质灾害进行了评价,所建立的模型与研究结果不仅对预测预报滑坡灾害有效,而且对该地区的水土保持研究也提供了帮助。

乔彦肖等利用 Landsat-TM 遥感图像,以冀西北解译出的 339 条(处)泥石流沟作为研究对象,在全面分析该区影响泥石流发育的环境因素后,选出植被盖度、岩石类别、沟床坡降、流域平面形态、地形地貌特征等 5 项因素,通过提取遥感图像特征进行分级细化和定量研究,采取大样本统计方法,得出每种因素在不同状态下与泥石流发育的关系,定量表示不同发育状态的环境因素对泥石流发育的影响。

李加洪等在研究西藏帕里河滑坡时,利用多时相、多平台的卫星遥感数据,确定了帕里河滑坡的具体位置,监测了滑坡发生后河道水体的变化情况,快速提取了各时相的积水面积,并结合数字高程模型(DEM)数据,计算各时相的蓄水量,模拟了各时相的遥感监测三维图像,取得了较好效果。

于福莹以重大自然灾害环境下的大范围路网为对象,综合运用多模态交通信息、多尺度路网信息以及自然灾害性质与严重程度等信息,重点研究了应急疏散路网连通可靠性模型和重大自然灾害环境下路网流量预测及运行状评估等内容,研究成果对重大自然灾害环境下路网运行状态评估及应急保障具有重要参考价值。

1.3.2.3 路径选择研究现状

路径选择就是搜索网络中两点之间长度最短的最优路径,其核心是最短路径问题。最短路径是运筹学、图论等应用数学领域中的一个基本概念,关于它的算法研究已得到这些领域学者的长期关注,并已有许多的研究成果。最短路径是交通规划中一个基本概念,最短路径算法是各种交通分配方法的一个共有的基本成分。最短路径分析是网络最优化中一个很重要、很基础的问题,不仅许多最佳路径问题可以转换为最短路径问题,网络最优化的许多其他问题也都可以转换为最短路径问题或者用最短路径的算法作为其求解的子过程。

随着地理信息技术(3S 技术)的发展,最短路径分析已成为各类导航系统、旅游系统及其他分析决策系统不可缺少的功能。据统计,相当一部分国内外 GIS 软件(如 Arc/Info、MGE、GEOSTAR 等)都具有最短路径分析功能。长期以来,许多学者围绕着最短路径分析进行了探讨。1959 年,荷兰数学家 Dijkstra 提出了 Dijkstra 算法。此后,为了减少计算量和存储资源,出现了许多改进算法。例如,采用最大邻接点法来改进算法的存储空间,采用四叉堆优先级队列、二叉堆优先级队列、快速排序的 FIFO 队列来改进算法的效率。

在应急救灾通路分析理论方面,李杰等较早地对生命线工程进行了系统研究,提出了可用于新建生命线管网的自动生成设计方法及地震破坏后旧管网修补通路的最优策略。郭忠印等近年也开展了重大灾害下高速公路网最优应急救援路径方面的研究,提出了哑铃型和通道型路网的任意通路求解、最短路径求解和最优通路求解的方法,并考虑动态运营风险和路段重复度对最优通路的影响,但这两种最优通路算法仅适用于路网完好的情况。

由于灾害或事件发生后道路交通状态实时变更,路径选择过程中的路权是一个受众多不确定因素影响的随机变量,其变化过程不仅与路段上的交通流量有关,还受到路况、交通事件等的干扰。因此,国内外交通学者针对出行者动态路径选择模型这一问题开展了相关研究。

Gao song 等针对路网实时交通状态,提出了一种时间依赖网络模式下的自适应路径选择模型,以此表征路网实时交通流所呈现出的随机性和时变性特性。

邵明洋对震后交通系统通过能力进行研究,对交通系统最大容量路径、单源最优路径、最优路径算法、方法的比较进行了讨论,通过对 Dijkstra 算法的改进建立了最短路径-改进 Dijkstra 算法,对算例交通系统路网的最大流量路径进行了分析;同时,对单元重要度的分析方法进行了对比分析,给出了基于容量和可靠性的单元重要度分析方法。

闫化海等就不完全信息(道路中断信息)下的交通网络最短路径关键边问题进行研究,首先定义了不完全信息下最短路径关键边的概念,其次给出了求解不完全信息下最短路径关键边的有效算法及其时间复杂性分析,然后结合城市道路网络给出了实际算例,比较分析了最短路径关键边、最长绕行路径关键边和不完全信息下的最短路径关键边问题,指出不完全信息下的最短路径关键边问题更具有实际意义。

贾兴利基于交通-灾害双层模型的公路网有效路径集构建方法研究,提出了一种耦合路网拓扑结构和交通流、灾害事件状态的双层路网模型,引入线性参考与动态分段技术将路径和事件相关联,反映路段之间的拓扑关系和储存路段动态属性信息。基于 Dijkstra 算法改进 DFS(Depth-First-Search)算法,降低了计算复杂性,提出了结合时变路网、灾害及交通状态的有效路径搜索算法,利用双层路网模型实现了有效路径集的搜索与构建,解决了当前应急路径规划未及时纳入灾害动态变化的问题。研究成果能够服务于灾情变化下的交通分析与控制,适合灾后路网的交通运行态势评估需求。

1.3.2.4 小结

通过对目前国内外关于道路通行能力、路网可靠性、路网状态快速诊断、最短路径算法研究现状的分析,发现存在以下问题:

①国内外主要是侧重于对城市道路路网可靠性的分析研究及路网规划研究,对包括高速公路、国省道、县道在内的交通生命线网络的路网可靠性分析和研究较少。

②研究主要侧重于城市交通拥堵状态下的路网分析,而对重大自然灾害下路网分析研究较少。少量关于重大自然灾害下路网分析的研究也主要是围

绕对地震发生后的路网连通性开展的,而针对泥石流、滑坡、暴雨等其他自然灾害发生时路网连通性的分析研究较少。

③关于重大自然灾害对交通生命线网络连通性产生的影响这方面的研究较少,未建立针对重大自然灾害的交通生命线路网连通性分析模型。不同的自然灾害对交通生命线产生的影响和破坏不同,要对路网状态进行快速诊断,就需要建立重大自然灾害对道路连通性的影响分析模型。

④目前的研究注重对最短路径算法的研究,但是对影响最佳路径选择的道路重要程度、受灾程度、救援任务等方面的研究较少。而重大自然灾害下通路的分析和选择与这些因素关系密切,不可能将其简化为一个寻找最短路径的问题,因此路网连通性的分析应结合这些因素开展。

1.3.3 应急通行管理国内外研究现状

1.3.3.1 行车安全管理系统的开发及应用

国外对行车安全管理系统的开发比较早,其技术理论较为依靠先进的数据获取技术、信号反馈机制和较为完善的法律措施。

在20世纪60年代,美国联邦公路管理局为应对道路交通事故的检测与救援,成立了智能交通中心(MITS)来监控高速公路的运行状况。MITS可以使交通警察实时监控高速公路的运行状况,提醒监控人员潜在的事故并能够自动提供一系列的处理方案,显著提高了紧急救援的效率和效果。近年来,美国建立了道路气象信息系统(RWIS),该系统几乎覆盖了灾害性天气下交通安全问题的方方面面。目前,美国华盛顿州已在全州布设了200余个RWIS观测站,观测站一般与某一气象台(站)相关联,结合卫星云图和雷达图像,主控中心可以每5~6min就获得一组图像信息和实时观测信息,经处理后发布,图像信息主要用于预报,而实时信息则主要用于决策。

日本是自然灾害尤其是地震灾害频发的国家,早在1966年便颁布了"交通安全设施发展计划",国家警察厅也在1993年4月发起了新型交通管理系统计划即新交通管理系统(UTMS)的研究开发与实用化建设。UTMS由综合交通管制系统、先进的交通信息系统、动态路径诱导系统、公共运输优先系统、车辆行驶管理系统和环境保护管理系统等6个子系统组成,其核心是使用红外线信标实现车辆与控制中心之间的交互式双向通信,实时获得交通信息,并对搜集到的信息加以分析和处理。1995 年官方机构与民间团体共同开发了车辆信息与通信系统（VICS），这是一个全国性的交通信息系统。VICS 于 2002 年实现了向全国范围提供动态交通信息服务,通过向驾驶人提供实时的道路交通信息,协助进行路径选择、分散交通流,以实现交通安全和畅通的目的。

1972 年,联邦德国研制出最早的交通诱导系统,1973 年投入运行了交通诱导广播系统。20 世纪 80 年代末,联邦德国和英国各自开发出通过红外信号标识通信的动态诱导系统 LISB 和 Auto guide,之后世界上第一个车载路径诱导系统 Traffic Master 在英国推出。90 年代,德国西门子公司开发了最有代表性的诱导系统 Ali-Scout。目前德国斯图加特的 STORM 项目正在探索双模式路径诱导系统。

在公路安全管理系统的开发方面,国内开展得较晚,与发达国家相比还处于初级阶段。

1993 年,安徽省高等级公路管理局建成了合宁高速公路（安徽段）交通管理系统。该系统由通信、监控、收费、电源四大部分组成,可实现数据采集、中心控制、信息显示、移动通信等功能。

2000 年,北京市开展了建立"道路交通流实时动态信息系统"的研究,其目的是通过信息的充分利用和共享来显著改善交通环境,大大提高路网的通行能力,为道路交通的安全管理奠定基础。

2006 年,上海市建成了高速公路监控应急系统。该系统初步实现了高速公路路网级的交通监控、应急指挥、运营管理和调度服务等功能,能够对路网范围内的重特大交通事故及时进行协调、控制与处理,从而提高高速公路安全管理能力。

2008 年,柳本民通过对雾、风、雨、冰雪等气象的定义和相关参数的汇总,在分析各类气象条件下高速公路网运行环境的基础上,对高速公路交通气象特征进行了研究,提出了交通气象的分类。在此基础上,分析了灾害性天气对高速公路运行安全的影响程度和范围,制定了灾害性天气下高速公路运行安全管理系统框架,提出了灾害性天气下道路安全管理对策算法和决策方法,同时还制定了相应的动态实时管理对策,建立了动态运营安全管理决策模型,包括决策流程及信息发布方案。为了实现实时、智能化安全管理,弥补以往管理系统的不足,充分考虑灾害性天气环境下道路系统中人、车、路三方面的关系,建立了以信息采集、信息处理以及信息发布为一体的灾害性天气下高速公路路网安全运营管理系统。

2009年,齐莹菲等依托上海沪宁高速公路和杭州湾跨海大桥两项工程,以高速公路网为研究对象,以影响路网运行安全的事件(灾害性天气、不良交通状态、交通事件和临时施工)为基本研究条件,以地理信息技术为研究手段,研究了建立基于GIS的高速公路网运营安全管理系统的一些关键技术和问题。在完善高速公路网运营安全管理各类标准形式的基础上,基于所提出的高速公路交通网络GIS数据模型,综合运用系统工程的建模方法、优化方法、仿真方法、预测方法、评价方法和决策方法,建立和设计了不同安全管理条件下的高速公路网运营安全管理决策模型与算法,并建立了基于GIS的高速公路网运营安全管理系统数据库框架。

1.3.3.2 灾害条件下行车安全理论研究

1. 安全车速理论

针对灾害条件下的安全车速理论,国外学者在20世纪80年代开始研究。

1990年,美国交通工程学会(ITE)建议:制定限速应以工程研究为基础,数值应高于85%位车速10mile/h(注:1mile=1.609km)左右,并将几何线形、路侧设施、相邻路段的车速限制、行人与自行车、道路和路肩的路面条件、交通事故等作为确定限速的依据。

1994年,C. Lave等通过对多条路车速数据和事故数据分析发现,车速的离散性越小,事故发生的可能性就越小。

1998年,V. Shanlkar等分析了恶劣天气下流量、平均车速和速度变异的关系。

1999年,Virginia P. Sisiopiku等通过对高速公路视频数据和施工作业区的实际测速研究发现,在作业区处车辆的运行车速通常要高于限速值,并与通车的车道数有关。James Migletz等通过对施工作业区行车轨迹的研究,得到车速特性及车速-事故率之间的关系,得出将设计车速降低16km/h作为限速值可达到最佳效果的结论,并提出了作业区实施限速的步骤。

2006 年，Kockelman 在奥斯汀市通过雷达测速枪采集了 1766 个速度数据，数据点之间的时间间隔为 5~20s，研究限速、天气、光照、线形和环境对车速及其标准差的影响。

2007 年，P. Allaby 等以多伦多市的某段城市高速公路为研究对象，研究了可变限速控制识别系统的应用方法和成效，研究成果为其他世界各地的限速研究提供了参考数据。

我国对灾害条件下公路车速限速值的研究相比于国外起步较晚，但对高速公路灾害天气下合理限速研究较为成熟。

2002 年，刘文智等针对在不同道路环境及时间驾驶人生理和心理的变化、汽车安全性能的不同，提出应根据交通状态、时段特点、施工事件及气象环境的要求制定控制方案。

2004 年，高建平等研究了高等级公路的限速措施，提出应基于交通、道路环境、气象、事故历史数据等动态确定限速值。

2009 年，殷涛等针对雨天低能见度及较小路面附着系数的情况，基于停车视距模型，着重研究了与不同降雨量下的水膜厚度大小相对应的路面附着系数，对高速公路雨天情况下的限速进行了研究，计算出雨天高速公路的限速值。

2010 年，廖海峰等在高速公路雾天情况下，根据低能见度及较小的路面附着系数情况，就停车状态及交通标志视认距离两项指标，分别计算了基于停车视距模型和基于标志认知距离的限速值。

2012 年，刘俊德针对雾、雨、雪和大风四种灾害天气对高速公路影响的不同特点进行了限速研究，在研究中，根据人机工程学原理，采用基于驾驶人信息处理能力的方法，将影响限速的灾害路段道路几何信息、道路交通运行信息、交通管理控制信息、气候环境信息、驾驶人自身信息等因素进行量化，从而得到最佳限速取值。

2. 高速公路匝道控制

最早的入口匝道控制是 1963 年芝加哥市在高速公路入口匝道处通过事先设定好的控制比例来释放车辆进入高速公路主线。

1965 年，J. A. Wattleworth 提出多匝道调节算法，应用线性规划(LP)方法求解各匝道的最优调节率,保持匝道流量。之后出现了许多修正演变形式,主要是对模型中的目标函数和约束条件进行调整或补充。

1991年,M. Papageorgiou等提出ALINEA方法,即利用经典自动控制理论建立起来的一种反馈控制方法,以入口匝道主线下游占有率作为控制变量与期望占有率进行比较,确定入口匝道的调节率,使下游主线的密度/占有率尽量维持在理想状态。该算法的特点在于控制方式比较平缓,适合于高速公路的单入口匝道控制。

2002年,Tom Bellemans等将系统分解成若干个结构交叠的子系统,在系统论的基础上,在入口匝道控制中引入了协调控制策略,较好地解决了高速公路的复杂性和不确定性问题。

2007年,M. Abdel-Aty等利用仿真技术评价了采用ALINEA匝道控制方法产生的效果,其分别比较了一段城市快速路上不同数目的匝道控制装置、不同参数方案的控制效果,得到以下结论:设置较多的匝道控制器能得到更多的效益,只有单一匝道控制器时,信号周期越长效果越好;当网络中有多处匝道控制器时,较短的信号周期效果好。

我国对高速公路和城市快速路控制方法的研究起步较晚,但经过十几年的理论研究和积累,已经取得了一定的成果。

1994年,姜紫峰等分别对低密度、中密度和高密度情况下的高速公路控制进行了研究,并针对中密度和高密度两种状态分别建立了基于宏观交通流模型的入口匝道控制最优模型,利用理论数据进行仿真验证了模型的有效性。

2000年,谭满春等针对M. Papageorgiou所建立的交通流模型在高速公路某路段发生阻塞现象时不能反映这一路段交通流真实状态的局限性,对流量动态函数进行了修正,建立了入口匝道最优控制模型,其目标函数综合考虑了行程时间、总服务流量和入口匝道总等待时间三个因素。

2002年,丁建梅等将系统中高速公路车辆之间可插间隙及可插间隙的变化作为系统的输入变量,将可插间隙到入口交会处的时间作为输出变量,并利用沈大高速公路的实测数据进行仿真,结果表明采用该方法可以使车辆比较平滑地交会运行。

2004年,吕智林等提出了基于多系统的入口匝道智能控制策略,基于系统论的思想,把协调控制策略引入到入口匝道控制中,建立了一个包括多个入口匝道控制系统和一个协调系统的多系统。这种分布式协调智能控制更好地适应了高速公路中的复杂性和不确定性。

2009年,钟小燕结合高速公路现有交通控制方法与气象灾害条件下高速公路交通事故应急救援系统,研究探讨高速公路应急交通控制方法。通过对匝道控制、主线控制等控制方法的具体分析,为不同气象灾害条件下交通控制方法的适用性提供了参考意见。

2014年,王武功通过研究疏导路网、疏导节点的确定,构建了基于多路径随机用户均衡交通分配模型(SUE)的疏导模型。通过研究特殊事件下山区高速公路匝道控制特点、路段通行能力估计,构建了基于线性规划模型的匝道出入口模型。通过对多个入口匝道流量控制的动态协调,实现对高速公路主线流量的控制。

3. 最优路径选择

对于车辆路径选择方面,国内外许多学者进行了大量研究。对于应急救援路径选择方面的研究,主要集中在路段权值的确定、数学模型构建以及设计相应的算法上面。

1997年,Victor J. Blue针对多目标的路径选择问题展开了研究,提出了基于双目标模型的车辆路径搜索算法,并给出了相应的算例,通过计算机模拟的方法提出车辆在出行前的路径选择策略。

2004年,Nesrin Basoz等对地震灾害后应急救援,车辆路径选择进行了分析,采用Dijkstra最短路径算法分析了起讫点之间的关键路径。

2007年,Zhihong等针对突发灾害下的应急救援,提出将应急救援分成两阶段来考虑,分别为计划阶段和操作阶段。在计划阶段,应急救援管理者通过预先制定好的应急预案,根据灾害的类型初步制定相应的应急救援线路,从而实现提高应急救援的响应时间;在操作阶段,主要根据时变的交通信息对初步救援路线做出调整。

2007年,Bard等针对地震灾害,分析了震后城市交通系统的需求变化和路网的损坏程度,通过应用蒙特卡罗模拟算法解决了路径选择中非线性效用函数最短路径问题。

2009年,刘杨等针对城市应急救援车辆路径选择优化问题,综合考虑了道路通行可靠性、安全性、道路条件限制等因素的影响,以最小化行程时间和最大化行程时间可靠度为目标,建立了应急车辆路径选择多目标规划模型,但该模型仅仅是针对一些突发交通事故,即路网未遭受破坏情况下的应急救援车辆选择模型。

2010 年,张杰等以路径的复杂性、行程时间可靠性以及路径的阻断风险为目标函数,建立了突发事件下多目标应急救援车辆路径选择模型,同时设计了相应的求解算法,模型将重点放在应急救援车辆出行前的路径选择上。

2016 年,任其亮等引用前景理论中的"有限理性"来描述不确定风险下的应急疏散行为,通过重新定义疏散中的"有效备选路径"这一概念,计算了各"有效备选路径"的前景值,从而确定将前景理论值最大的有效备选路径作为应急疏散路径,并通过算例证明了该路径选择结果更符合应急交通疏散下不确定情况的真实路网中的路径选择行为。其研究结果对决策者在紧急环境下做出科学、有效的疏散决策具有一定的参考价值。

1.3.4 公路应急管理国内外研究现状

1.3.4.1 公路应急管理现状

1. 美国

美国的高速公路事件管理开始于 20 世纪 60 年代初期。70 年代初,加利福尼亚州高速公路巡逻队联合州运输部在洛杉矶建立了一个事件管理的示范工程。巡逻队负责高速公路事件的具体处置与管理,州运输部负责重大事件发生时的交通控制和维修支持。其他车辆拖运、路障清除都是由联合商业性机构来完成。此后,事件管理系统在美国的许多州得到广泛应用。为了指导地方性高速公路事件管理,1991 年美国运输部联邦公路局颁布了《高速公路事件管理手册》,同时出版了两卷有关高速公路事件管理的报告,即《高速公路事件管理的两种概念和方法》和《高速公路管理手册》。在 1988 年,美国运输研究委员会完成了一个关于事件管理的综合报告,即《高速公路事件管理》;经过完善后,于 2000 年出版《交通事件管理手册》。这些文件资料就高速公路事件管理的方法措施、应急管理及救援的方案等做出了较为细致的阐述,对美国高速公路事件的管理起到了积极的指导作用。

美国的高速公路交通安全管理也涉及多重机构和这些机构中的多家部门(如交通、公共工程、交通警察、养护、环保、救护),在处理交通运营问题和安全管理状况时存在一定困难。为此,有些州出现了一些由不同有关部门共同参加的高速公路交通管理工作组。工作组的目标是通过改善不同机构和部门之间的交流合作与协调,利用各交通管理组织现有的优势和资金为道路使用者提供更好的服务。

2. 日本

地处地震频发带的日本,与地震相关的预报研究和报警系统相对发达。同时,日本对抗灾主要环节之一的灾难早期评估系统的建设也颇为完善,对地震灾害的预防、应对措施、信息传递、灾后重建都有着相应的具体规定,这对减少由于地震造成的损失起到了积极的作用。

保证交通畅通往往是地震救灾的首要任务。发生地震以后,首先是要尽快将包括负伤人员在内的受灾人员转移到安全的地方,与此同时,还需要从外部调集各类救援物资。地震等自然灾害频繁、汽车保有量大、道路却一般都不够宽阔的日本在灾后道路交通的保畅工作方面积累了很多经验。

跟避难场所的设置一样,日本对灾害后的交通疏导也是以事前立法为前提(如制定《大规模地震对策特别措施法》等),并伴之以加强主要道路、桥梁的抗震强度,以自治会为单位进行防灾训练等措施。

日本《道路交通法》规定:"发生地震后不允许私人驾车进行避难"及"震灾中正在行驶着的车辆必须听从警方的指挥"。但是,各级地方政府在执行上述规定时会有很多灵活机动的对策。以人口最为集中的东京都为例,东京都警视厅划定了地震灾害发生时可以或不可以通行的区域,并在事先公示于众。根据震灾时间的推移和灾情的严重程度,交通管制被分为第一次管制和第二次管制两个等级(同样,第一、第二次管制道路也会进行事先公告)。第一次管制主要是为了确保车辆进出东京都畅通,第二次管制主要是针对灾害比较严重地区的交通管制,其中又细化到区町一级每一条道路,使每一种情况都会有与之相应的对策。除此之外,对紧急通道实行全封闭式的管理,确保救护、消防车辆能及时到达目的地,紧急通道的出入口都有十分明显的标识。

日本各主要干道和高速公路上,除了依靠专门人员进行目测通报道路情况以外,在一定间隔的地方都配备有地震仪、雨量仪等,它们会自动将路面情况向控制中心汇报。平时可以通过根据这些仪器的观测结果对路面进行维修判断。当地震发生后,相关部门则能依据上述数据判断该道路是否能够使用以及考虑实行抢修的方法。同时,设置于道路上的大量电子显示屏能够将道路和地震情况及时通知行车中的驾驶人。

在政府层面,日本负责救灾物资调运和搬送的部门,诸如交通局、道路公团、农政事务所等在事前都各自明确本部门在发生地震时应该如何承担任务,应该在什么地点进行调配工作。救灾活动中使用的特种车辆的牌照,上述部门会在事前向当地的公安委员会提出发放申请。

3. 中国

在《国家突发事件总体预案》的框架下,交通部于 2005 年制定了《公路交通突发事件应急预案》,并于 2009 年进行修订。这是我国公路应急管理领域的纲领性文件。在《公路交通突发事件应急预案》的指导下,各交通运输主管部门、路政部门等都制定了相应的应急管理预案,以期在突发事件下进行快速响应。

目前,我国公路应急管理的主要力量包括各高等级公路的运营管理单位、路政、交警部门,根据实际情况再通知急救、消防、环保、公安、安监等部门参与。在处置过程中,运营单位主要负责监控、报警、联络,路政部门负责保护路产路权和维护秩序,交警部门负责交通秩序管理等,急救部门负责人员伤亡处理,消防部门则负责火灾、危化品泄漏处置。以上单位或部门主要是通过接警单位对信息进行处理,然后按照各单位(部门)的职责和权限相互通报信息,分别启动应急预案,开展突发事件的应急处置工作。各单位(部门)之间主要通过电话联系的方式进行沟通。而涉及跨路段的应急处置,尤其是省际路段的应急处置,则往往要通过有关上级部门进行协调,应急效率较低。

1.3.4.2 现有交通应急管理预案分析

按照国务院的统一部署,交通部于 2005 年制定并颁布了《公路交通突发公共事件应急预案》(交公路发〔2005〕296 号)。该预案作为国家级部门预案和公路交通领域的总体预案,为指导各级交通主管部门编制相关预案和开展应急保障工作奠定了基础。2008年,我国先后遭遇了低温雨雪冰冻灾害和汶川特大地震灾害,公路交通受到了前所未有的重创。在取得成绩的同时,也暴露出许多问题,如应急物资准备不足、跨区协调沟通不畅、信息不通等。这些问题产生的原因是多方面的,但其中一个重要的原因就是公路交通突发事件应急预案和应急保障体系与机制存在缺陷。2009年,交通运输部总结2008年抗击低温雨雪冰冻灾害和汶川特大地震抗震救灾经验,对原应急预案进行修订,并以预案为指导加快公路应急管理体系建设。

经过几年的发展,我国基本确立了比较综合的突发事件应急管理预案体系,按照不同的责任主体,国家预案体系包含为国家总体应急预案、专项应急预案、部门应急预案、地方应急预案、企事业单位应急预案五个层次。总体应急预案是国务院为应对特别重大突发公共事件而制定的综合性应急预案和指导性文件,是政府组织管理、指挥协调相关应急资源和应急行动的整体计划和程序规范;专项应急预案主要是国务院及其有关部门为应对某一类型或某几个类型的特别重大突发公共事件而制定的涉及多个部门的应急预案,是总体预案的组成部分,由国务院有关部门牵头制定,由国务院批准发布实施;部门应急预案是国务院有关部门(单位)根据总体应急预案、专项应急预案和职责为应对某一类型的突发公共事件或履行其应急保障职责的工作方案,由部门(单位)制定,报国务院备案后颁布实施;地方应急预案主要指各省(自治区、直辖市)人民政府及其有关部门(单位)制定的突发公共事件总体预案、专项应急预案和部门应急预案;此外,还包括各地(市)、县人民政府及其基层政权组织制定的突发公共事件应急预案等。

其中,与自然灾害下交通应急管理相关的部分应急预案如表1.1所示。

国家突发事件应急管理预案体系(部分) 表1.1

预案名称	使用范围	分级依据
国家突发公共事件总体应急预案	自然灾害、事故灾难、公共卫生事件、社会安全事件	性质、严重程度、可控性和影响范围等
国家地震应急预案	地震及火山灾害	死亡人数、经济损失
国家突发地质灾害应急预案	地质灾害	按危害程度、规模大小、受灾人数、经济损失

续上表

预案名称	使用范围	分级依据
国家自然灾害救助应急预案	地质灾害、海洋灾害、火灾和重大生物灾害等	受灾人数
国家公路交通突发事件应急预案	自然灾害、公路交通运输生产事故、公共卫生事件、社会安全事件	性质、严重程度、可控性和影响范围
云南省突发公共事件总体应急预案	自然灾害、事故灾难、公共卫生事件、社会安全事件	影响范围和严重程度
云南省破坏性地震应急预案	破坏性地震	地震等级、人员伤亡、经济损失
云南省省管公路汛期灾害防御预案	桥梁出现险情、边坡严重坍塌、滑坡、较大规模的泥石流、路基水毁、路面塌陷等	交通中断情况

从表1.1中可以看出,在我国自然灾害应急管理预案体系中,对自然灾害下交通生命线的应急管理已经有了针对性的预案,但是其分级是基于受灾人数、经济损失等,对于由自然灾害产生的交通破坏没有明确的界定。从灾后应急的角度来说,这样的分级可以使相关部门在短时间内进行响应,迅速到位进行抗灾、救灾准备,但是关于在进行应急响应之后如何进行进一步的操作各预案却并未明确指出。预案整体简单,缺乏可操作性。这样会导致自然灾害发生后,各部门具体的应急管理流程、措施无章可循,许多措施都是临时会商后决定,这样在一定程度上降低了交通生命线抢通、保通效率。

同时,在现有的应急预案中缺乏各部门之间的协调,对各部门间应急协调的规定也仅限于"需要有关部门积极配合和共同实施"。突发事件发生后,各部门间仍然是靠传统的会议方式商讨应对方案,这无疑会使得应对突发事件的效率大大降低。自然灾害发生后,各类交通方式之间缺乏协调,交通通行管理混乱,救援队伍、救援物资无法快速进入灾区。

1.3.4.3 灾后公路应急管理国内外研究现状

我国从2003年开始重视应急管理,相继出台了多项应急管理法律、法规、条例及相关文件。2006年1月8日,国务院颁布全国应急预案体系的总纲《国家突发公共事件总体应急预案》,2007年8月30日,第十届全国人大常委会第29次会议通过《中华人民共和国突发事件应对法》,交通运输部于2009年4月制定《公路交通突发事件应急预案》,各省(自治区、直辖市)的交通运输主管部门也陆续下发交通及其运输保障应急预案或应急保障行动方案,来指导突发事件下公路应急处置工作。

对应急联动的研究,一方面是将其作为应急管理体系建设的组成部分,主要研究应急联动系统建设内容。如周治新通过研究突发公共事件的特点,认为应急联动系统的建设应该包含建立宣传体系,建立预防预警机制,编制应急预案并进行演练,建立接警、出警和应急救援指挥系统,建立区域协作机制;理顺应急联动系统的管理机制和运行机制,制定相关法律、法规等各方面内容。而大多数研究是集中在信息管理系统建设方面,主要目标是实现信息共享。同时,很多城市相继建立了"应急联动信息系统",如广州"110"社会联动系统、上海城市综合减灾体系、乌鲁木齐"110"和"120"社会联动、武汉城市应急管理联动。这些系统客观上起到了信息共享作用,但在决策辅助方面仍存在一定的局限性。

以往的突发事件分级往往是事后评级。吕欣驰等在突发事件结束后根据人员伤亡和财产损失以及损失大小进行级别划分,这种分级方法对灾后恢复总结经验教训、追查责任具有重要作用,但是对应急预案实施阶段的处置指导意义有限。总之,当前在突发事件的分类分级方面,主要是针对事件进行类别和级别的划分,并且指标单一。针对此问题,杨静等从系统的角度提出突发事件的分类分级的思路和方法,重点针对突发事件发生前和处置过程中的变化情况,提出了动态分类分级的基本思想和研究框架,并在分类分级体系中使用了一些定量的方法(如聚类分析、判别分析和因子分析等),给出了一个动态分类分级的很好思路。

以上研究从不同侧面为解决交通系统重大自然灾害应急调度管理、规划等问题奠定了基础,使得更有效的交通系统应急管理智能辅助决策方法研究成为可能。

而在应急管理对策方面,国内在灾后公路应急管理对策方面的研究较少,并且多集中在应急交通组织领域。

邵海鹏运用系统分析理论方法,分析了影响公路网的自然灾害类型及其对公路交通的影响,借鉴国内外抗击自然灾害的研究成果,提出了通过制定若干应急性交通组织和管制方案、交通应急救援方案以及灾时公路交通控制对策来保障公路应急交通。

何湘锋应用网络流量阻断模型识别路网中的关键路段,通过确定关键路段的影响范围,制定了相应的应急疏散和救援策略,并提出相应的应急交通组织方案支持该策略的实施。

丁程对高速公路突发事件的应急管理进行了研究,阐述了各类高速公路突发事件的应急管理处置措施,得出了不同主线交通量、不同交通组成及不同的车速限制情况下的高速公路突发事件处的实际通行能力。

王富基于对事故灾难特点及应急交通流特征的深入分析,提出了具有针对性的道路交通应急组织方法,构建了智能交通应急组织体系,并且对交通应急等级进行了模糊综合评判,制定了相应等级的应急预案。

宋子祥从区域路网交通管理与控制、交通安全设施优化以及地质灾害工程治理措施三个方面,研究了区域路网突发事件事前主动防御技术。在理论研究的基础上划分突发事件影响区和持续时间区段,总结分析了各种交通组织方式及其适应性;从路网点、线、面三个层次研究了区域路网突发事件事中跟踪控制技术;分析了交通标志设置参数,并提出了交通标志前置距离及重复设置距离计算方法。但是其研究更侧重于道路交通突发事故的应急处理。

王石钰分析了大连市应对道路交通突发事件时存在的主要问题并提出了相应的完善措施,给出了道路交通突发事件现场的应急管控机制。

王富等在分析突发事件交通特性的基础上,提出了单向交通与专用车道相结合、禁止左转、临时交通渠化以及单向绿波控制等适合在突发事件情况下的交通组织方法,并提出了评价方法。其评价结果表明,这些交通组织方法能够提高路网通行能力、加快救援和疏散过程。

钟小燕等对重大自然灾害下高速公路的交通控制方法进行了探讨,提出了通道系统控制的思路,其基本原理是通过监测通道系统中所有的道路及交叉口,将超载道路上的交通转移到通行能力尚有剩余的道路上去,目的是使整个通道系统运行于最佳状态。

早年的研究多集中于水毁路段的防治技术,对地震、泥石流等重大自然灾害后道路的抢险抢修是在汶川地震后才开始得到重视。

刘爱文等在地震现场调查的基础上,综述了汶川地震对交通系统的影响,总结了各交通系统的震后应急抢修情况。

李庆择对汶川地震中出现的桥梁震害进行了详细的总结和分析,按照快速抢通阶段和应急保通阶段的不同目的,对震后应急处置技术进行了归纳总结,列举实例说明了各种措施在汶川地震后桥梁应急处置工作中发挥的重要作用。在此基础上,按照处置对象的差异,将应急处置技术分为两类,即紧急加固措施和应急替代措施,并给出了实际工程中选择各种方法的比选条件。

李春归纳总结了引发重庆地区桥梁、隧道灾损的灾害类型和分布情况,并建立了具有典型代表性的桥梁数据库。按应急抢通的时限要求,将应急抢修划分为紧急抢通和快速抢通,并依据紧急程度不同提出了适应桥梁、隧道快速抢通的具有实际使用价值的抢通方法。

邓明成对山区高速公路抢险救灾可能产生的问题进行了探讨,提出了山区高速公路抢险救灾的基本原则。

从研究层次和深度来看,受我国经济发展水平、科技实力和管理能力的影响,国内对突发事件的应急管理研究多停留在研究应急预案、应急体系的阶段,且这些预案的内容大多是原则性的语句,没有情景描述、不易操作、缺乏技术性、实践运用深度不够。此外,目前对道路交通突发事件尚未从交通系统整体的角度对突发事件的处理展开研究,仅从车祸、恶劣天气、有毒物质的泄漏等单一原因造成的突发事故进行,研究内容单一且片面。

1.3.4.4 小结

从以上研究现状可以看出,针对突发事件,发达国家普遍建立了迅速的有着详细流程措施的应急管理体系。我国也在应急管理预案、应急管理机制、体制和法制方面有了较为广泛的研究,国家和省级的预案对应急管理各环节中的权力、职责、权利和义务进行分配和设定,规定了各类应急管理机构(包括应急指挥机构及其办事机构、专家咨询机构、应急救援队伍)的设立和职责,明确了应急管理的制度。但是地方应急预案在框架和内容上基本沿袭了国家和省级的应急预案,对自身特殊性的考虑严重不足,造成其本身功能的虚化,可操作性十分有限。

重大自然灾害发生后,交通生命线应急管理是各类应急预案顺利开展的基础,应该将其作为国家应急体系的重要组成部分。如何加强重大灾害下交通生命线应急管理,建立健全交通生命线应急管理机制,是关系国家经济、社会发展全局和人民群众生命财产安全的大事。因此,有必要建立一套完整的交通生命线应急管理体系,涵盖管理、运行、保障、善后处理等各个方面,以便应对各类重大自然灾害的挑战。

1.4　主要研究内容

1.4.1　重大自然灾害下基于多源信息的交通生命线状态信息获取技术

(1)云南省重大自然灾害类型及分布特点

通过文献阅读、资料查找及实地调研,获得云南省近年灾害数据,对其进行分析,总结出云南省主要重大自然灾害的类型及分布特点。

(2)重大自然灾害对公路交通生命线网络设施的破坏特征

通过文献阅读,以及对历史重大自然灾害资料的搜集,分析各种重大自然灾害对交通生命线网络的破坏特征及相应的响应机理,归纳总结交通生命线网络设施的主要破坏模式。

(3)公路交通生命线多源信息采集标准研究

研究现有的灾害信息采集技术,结合其他应急指挥系统等多种信息采集平台或渠道,获得不同时效和不同类型的信息,研究不同方式与信息管理中心的信息交换方式和采集方式;从可识别性、精度的需求出发,提出基于多信息源的交通生命线网络状态信息提取技术,并研究公路交通生命线多源信息的采集标准。

(4)公路交通生命线多源信息融合模型

研究公路交通生命线多源信息融合的结构和功能模型,针对不同数据类型构建融合算法,获得精准度高的灾后交通生命线的破坏信息,为灾后紧急救援提供路线参考。

1.4.2 交通生命线状态快速诊断技术及通路分析理论

(1)云南省自然灾害及道路破坏状况调研与分析

通过道路现场实地调研、各交通管理单位调研、文献资料查阅等方法,对云南省自然灾害、公路交通生命线破坏及救援工作等方面进行调研和分析。

(2)公路交通生命线交通功能损失分析

从公路交通生命线破坏对道路可通行性和安全性影响的角度,分析自然灾害造成的公路交通生命线交通功能损失,并提出分级标准。

(3)公路交通生命线连通可靠性影响因素分析

明确公路交通生命线连通可靠性的定义,通过大量搜集整理我国自然灾害及道路破坏资料,分析公路交通生命线连通可靠性影响因素。

(4)公路交通生命线连通可靠性快速诊断技术

分别研究灾害信息能顺利获取及难以顺利获取情况下的道路连通可靠性快速诊断技术,提出基于多源信息融合技术的道路连通可靠性快速诊断技术,以及基于贝叶斯网络的道路水毁破坏诊断模型和基于地震烈度的道路破坏诊断模型。

(5)重大自然灾害下公路交通生命线通路分析技术

分析灾后应急交通的需求及特点,构建公路交通生命线网络,对最优应急救援通道评价指标、目标函数和算法进行研究,建立公路交通生命线通路分析技术。

1.4.3 应急通行管理技术

(1)应急救援专业工作队伍的应急通行引导技术

根据重大自然灾害的灾害类型和严重程度以及参与应急救援各专业队伍工作的内容及特点,提出相应的交通组织管理措施和路径引导对策,通过可变信息标志、临时警示标志、电台广播、手机短信等各种信息发布渠道,引导参与应急救援的各专业队伍按指示的路径通行,以保障应急救援工作的快速有效开展,并确保交通生命线网络安全畅通。

(2)应急通行安全管理技术

针对重大自然灾害对云南省交通路网中道路、桥梁、渡口、隧道设施以及人员交通安全心理造成严重影响的实际,从维修交通设施、避免危险驾驶行为、降低交通生命线网络运营风险的角度出发,研究并制定交通生命线网络的应急通行安全管理策略,以对进入灾区的驾乘人员进行合理行为引导、对进入灾区应急救灾的通行车辆进行合理限定、对道路及交通工程设施的使用进行合理管理。

(3)以道路交通生命线为核心的综合运输系统驳接管理技术

重大自然灾害下的应急救援涉及道路交通运输、水路交通运输、铁路运输及航空运输等各相关交通运输部门,整体构成一个综合交通生命线网络。从保障综合交通生命线网络驳接顺畅及高效运转的需要出发,根据《中华人民共和国道路交通安全法》及其实施条例、《中华人民共和国突发事件应对法》等相关的国家法律、法规,以及各种重大自然灾害下应急救援工作的特点,研究并制定以道路交通生命线为核心的道路与水路、道路与铁路、道路与航空等运输方式的驳接管理技术。

1.4.4　重大自然灾害下交通生命线网络应急管理预案

(1)重大自然灾害下应急管理响应流程

重大自然灾害的一般处理过程为发现、确认、响应、灾害信息发布、交通参与者的信息获得、现场工程抢险、灾员救助转移、交通管制等。对灾后应急响应需求进行分析,建立针对灾后交通生命线网络应急管理的应急响应流程以及事件处置流程。

(2)重大自然灾害应急预案制定

通过分析现有的灾后应急管理预案,从保证预案体系衔接性的角度对自然灾害进行分级,建立交通生命线网络应急管理的运行机制,制定灾后交通生命线网络应急管理预案。

(3)实施方案动态生成方法研究

分析实施方案的模块组成,以及不同严重程度、不同破坏状态下的应急需求,基于规则推理的方式,研究实施方案的动态生成方法。

(4)重大自然灾害事后评价

利用模糊综合评价方法,从信息反馈、态势控制以及救援能力等几个方面构建实施效果评价体系,建立评价模型。

1.4.5　交通生命线网络应急管理系统的开发

综合上述研究成果,从应急救援快速决策的需要出发,开发以 GIS 技术为平台的交通生命线网络应急管理系统,包括系统功能模块设计、基础信息入库及系统测试运营等。

(1)交通生命线网络应急管理系统框架

研究交通生命线网络应急管理系统的体系框架、组织结构、工作模式及工作流程;提出交通生命线网络应急管理系统的总体结构,并对其系统功能进行详细分析。

(2)交通生命线网络应急管理系统数据库

数据是交通生命线网络应急管理系统的驱动核心。应急管理系统是一个涉及多部门的多层次、多功能且动态变化的复杂巨系统,系统内众多要素在物质、信息和能量的流通与交换过程中,通过相互作用、相互影响、相互依赖和相互制约,构成多重反馈从而组成了具有一定结构和功能特点的复合系统。

因此,根据系统的需求研究确定数据库的数据结构形式、数据模型、数据组织、数据表及数据库的组成部分等。系统的数据库应包括空间信息数据库、系统属性数据库和预案信息库等。

(3)交通生命线网络应急管理系统功能及模块

系统是建立在 GIS 应用平台基础之上的,GIS 平台有着可视化、精确定位等优点,根据用户需求和系统的工作流程、工作框架和工作模式,研究确定系统的功能和模块。

(4)确定系统开发环境并开发测试系统

分析对比现有的主流 GIS 应用平台及编程环境,根据系统的需要,确定系统的 GIS 应用平台以及编程开发环境。对系统进行编码设计,开发系统并进行测试。

1.5　技术路线

本书研究技术路线如图 1.1 所示。

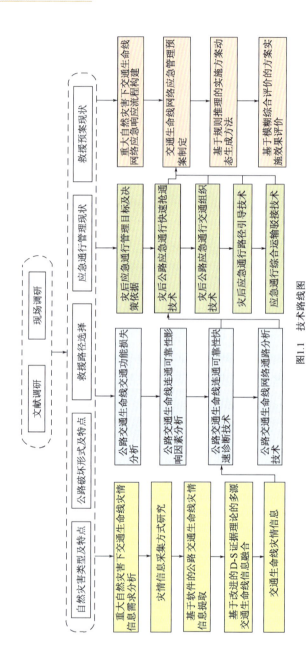

图1.1 技术路线图

第 2 章　云南省重大自然灾害类型及分布特点

2.1　云南省环境背景

2.1.1　地形地貌

云南省属陆地地貌,境内山地和高原面积约占全省总面积的94%,盆地面积仅占全省总面积的6%。全省地势西北高、东南低,海拔高差异常悬殊。最高点为滇藏交界的德钦县梅里雪山珠峰,海拔6740m,最低点在与越南交界的河口县境内南溪河与元江交汇处,海拔仅为76.4m,两地直线距离不足900km,高差达6663.6m。

在全省38.32万km^2的土地面积中,坡度小于或等于8°、8°~15°、15°~25°和大于25°的绝对(相对)土地面积分别为3.41万km^2(8.9%)、5.25万km^2(13.7%)、14.33万km^2(37.4%)和15.33万km^2(40%)。地形坡度与海拔高度呈正相关,大于25°的陡坡地主要分布在滇西北和滇东北等高山峡谷区。

2.1.2　气象与水文

云南气候兼具低纬、季风、山原气候的特点。云南气候的区域差异和垂直变化十分明显,并且全省年温差较小,日温差大;全省降水充沛,干湿分明,降水以雨为主,仅滇西北、滇东北的部分高寒山区冬季时有降雪。全省年均降雨量1100mm,但时空分配不均。5—10月,受孟加拉湾和北部湾暖温气流控制,云量多,湿度大,日照短,降水集中,其中6—8月三个月尤为集中,降雨量占全年的55%~65%;11月至次年4月,受内陆干燥气流控制,日照长,降雨少。

全省大小河流600多条,其中重要的有180条,分属于伊洛瓦底江、怒江、澜沧江、金沙江、元江和珠江六大水系。云南有大小湖泊40余个,主要湖泊有9个。湖泊总面积1100km², 占全省面积的0.28%; 总集水面积超过9000km², 占全省面积的2.3%; 总储水量 $291.75 \times 10^8 m^3$。大多数湖泊海拔分布在1200~1900m, 其中滇池为全省面积最大的湖泊, 抚仙湖为全省最深、容水最多的湖泊。

2.1.3 地质环境

云南省从元古代到新生代地层均有出露,宏观特征为:元古代地层均发生强烈变形和变质,与上覆地层成角度不整合接触;古生界以海相碳酸盐岩为主,夹海河陆相碎屑岩;中生界和新生界下部以陆相砂、泥岩为主,局部夹膏盐,突出特征是多为暗紫红色,称为红层;新生界上部均为陆相砂、泥质沉积,局部夹褐煤或泥炭,多为灰黄色,且较松软。

2.2　云南省重大自然灾害类型

云南省因其特殊的地理环境和自然条件被称为"气候王国"和"自然灾害王国",除海啸、沙尘暴和台风的正面侵袭外,几乎所有的自然灾害云南省都发生过,灾害分布广泛,并且往往是多灾并发、交替叠加、灾情严重,具有"无灾不成年"之说。

在各灾种中,地震、泥石流、滑坡、水毁四类灾害对云南省危害最大,其中泥石流和滑坡通常为地震、雨水造成的次生灾害。

云南省是全球地壳构造活动最激烈的地区,根据国家地震局颁布的地震烈度区划图,云南全省都处于6度以上的地震烈度设防区,其中7~9烈度设防区面积占84%,地震活动十分频繁,分布广,震源深度浅,并且震灾严重。

水毁是指在气候、水文和地质环境因素以及人类活动的综合作用下,公路沿线所产生的一系列对公路工程的自然破坏现象和破坏过程。水毁灾害在雨季多发,是严重影响云南省交通的主要地质灾害。

同时,云南省也是滑坡、泥石流灾害发生频繁的省份,这两类灾害虽不像地震灾害那样影响大,但是其造成的人员伤亡和经济损失超过其他任何一种地质灾害。有关调查显示,云南省全年有160余个乡(镇)政府驻地、约9000

个自然村、约 30 万山区农村人口直接受到泥石流、滑坡的威胁或危害。云南省滑坡、泥石流主要是受强地震及雨水激发形成。强地震显著降低岩土体的强度,造成坡体失稳而形成滑坡、泥石流,同时地震还会导致衰退的泥石流转而旺盛发育;而降水能够促进松散碎屑物质的聚集,为滑坡、泥石流的形成提供水体和动力条件。

2.3 云南省重大自然灾害时间和地域分布特点

2.3.1 地震时间和地域分布特点

通过实地调研,了解到云南省是一个多方向地质构造交织复合的地区,地壳运动比较强烈,沿着构造线或大的断裂带经常有地震发生。从 1970 年至今,云南地区共发生 5 级以上地震 200 余次,其中 7 级以上地震 7 次,最大的地震是 1970 年发生在通海的 7.8 级地震。

云南省的地震带主要有小江地震带、中甸—南涧地震带、大关—马关地震带、澜沧—耿马地震带、泸水—腾冲地震带、通海—石屏地震带等。其中,小江断裂带和普渡河断裂带是影响昆明地区地震活动的主要断裂带。

根据地质学的相关研究,一个地区经过地震活动频度相对较高时段以后,总是要经过地震活动频度相对较低、强度相对较弱的平静时期,这种地震活跃期和平静期交替出现的特点为地震周期性。地震活跃期期间通常每年发生 5 级以上地震 5~10 次,平静期每年发生 5 级地震 1~2 次。

云南省的地震具有十分明显的活跃期和平静期时间间隔特点,强震活跃期主要集中在 1970—1979 年和 1988—1996 年,两个活跃期之间的为平静期,每个时段累计时间不同。1996—2011 年的平静期长达 16 年多,表明新一轮强震活跃期已逼近,若将 2011 年 3 月 24 日缅甸发生的 7.2 级地震列入统计范围中,则表明云南地区已进入新一轮强震活跃期。

各强震活跃期之间,震灾强度也有区别。这主要是因为云南 6.7 级以上强震有以红河为界东、西交替活动的特点,即每个时期强震的集中爆发空间不同。当强震主要在人口密集且房屋抗震性能较差的地区爆发时,无疑将造成重大损失;但若强震发生于滇西南、滇西等人口稀疏的边境地带时,损失便相对小些。云南省地震震源深度大部分比较浅,地震等级比较高,破坏性比较强。

2.3.2 水毁时间和地域分布特点

水毁是指在气候、水文和地质环境因素以及人类活动的综合作用下,公路沿线所产生的一系列对公路工程的自然破坏现象和破坏过程。云南省地处亚热带,6—10月为雨季,降雨主要集中在7—8月,气候炎热,多暴雨、大暴雨和特大暴雨。由于特殊的地理位置、地形地貌、地质环境和社会环境,一直以来云南都是公路水毁最为严重的省份之一。

2.3.2.1 水毁时间分布特征

云南省公路局2008—2013年各总段上报的水毁资料显示,受季风性气候的影响,云南省公路水毁具有明显的月际变化特征,利用比较完备的2009年资料分析水毁灾害的月际变化,如图2.1所示。各等级公路水毁灾害集中在5—10月,7月之前呈增加趋势,8月达到峰值,6—8月发生的概率最大。

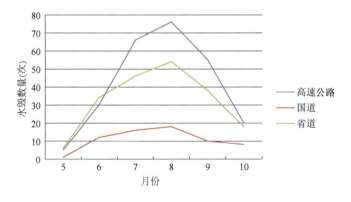

图2.1 2009年公路水毁月际变化

云南省水毁灾害的发生与前期及同期的降水量有着直接的关系。连续普降暴雨、大暴雨或特大暴雨,公路水毁会即时发生,其分布具有带状性,破坏模式比较齐全,对交通安全产生巨大影响;连续降雨,但降雨量不大的天气环境,公路水毁发生略有滞后性,造成的损失则不如前者,水毁种类齐全;突降暴雨、大暴雨的环境,非常容易立即诱发公路水毁,水毁具有单点性,破坏程度较高,公路水毁链明显,降雨诱发滑坡、泥石流,进一步引起水毁路基、水毁路面和水毁桥涵,在公路岩质边坡易诱发崩塌、水毁路基、水毁桥涵等事件。

2.3.2.2 水毁空间分布特征

2009年全省各地发生水毁总情况如图2.2所示,普洱地区公路水毁最为严重,其次是开远和大理,景洪和文山地区发生公路水毁比较少。

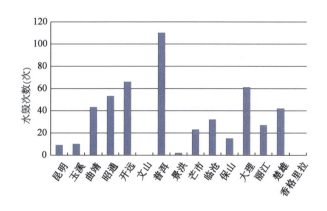

图2.2 2009年各总段发生水毁情况汇总

另有资料表明,云南省公路等级越低,水毁越严重,造成的经济损失越大。

2.3.3 滑坡、泥石流时间和地域分布特点

云南是我国四大滑坡、泥石流发生地区之一,泥石流、滑坡灾害比较集中在人类活动频繁的区域,如城镇、居民点、矿山剥采区附近,以及铁路、公路沿线。灾害对社会、经济发展和人民生命财产的安全构成了极大威胁。全省纳入群测群防网的地质灾害隐患点已达1.6万余处,且年均增加近千处,约占全国总数的1/10。

云南省的滑坡、泥石流主要是受连续降雨、暴雨,尤其是特大暴雨集中降雨的激发,其次是伴随地震和单独发生。滑坡按滑坡体体积可分为小型、中型、大型滑坡,按滑动速度可分为蠕动型、慢速、中速、高速滑坡。泥石流按流域特征可分为山坡型和河谷型,按物质成分可分为泥流、泥石流、水石流,按流体性质可分为黏性泥石流、稀性泥石流。

2.3.3.1 滑坡、泥石流时间分布特点

云南省滑坡、泥石流的月际变化特征与全省雨季及主汛期相对应,灾害主要集中在 5—10 月,高峰期集中在 7—9 月,7—9 月的灾害总次数占全年的 75%。从全省滑坡、泥石流上报统计数据可知:7 月活动最为频繁,8 月次之,9 月逐渐减少,但通常 6 月第一次大雨也会造成大范围的地质灾害。同时,滑坡、泥石流灾害活动规律与云南省多夜雨有着密切的关系,夜间和凌晨爆发地质灾害的频率较高,约占总数的 80%,所造成的人员伤亡和财产损失往往比白天要大得多。2001—2005 年云南省滑坡、泥石流逐年灾害总数如表 2.1 所示。从 2001—2005 年云南省滑坡、泥石流灾害逐年频数可以看出,云南省滑坡、泥石流活动具有一定的阶段性和周期性,有较明显的活动旺盛期和相对平静期。泥石流活动的周期性主要取决于激发雨量和松散固体物质补给速度。周期短的泥石流沟,如东川蒋家沟、大盈江浑水沟等每年暴发数十次泥石流;周期长的泥石流沟数十年甚至百年暴发一次泥石流。

2001—2005 年云南省滑坡、泥石流灾害总数(次) 表 2.1

灾害分布区域	2001 年	2002 年	2003 年	2004 年	2005 年	合计
滇西北	35	59	13	41	12	160
滇西南	32	38	10	53	34	167
滇中	26	48	5	16	9	104
滇东北	3	10	12	8	10	43
滇东南	10	27	8	10	15	70
全省	106	182	48	128	80	544

2.3.3.2 滑坡、泥石流地域分布特点

云南省自然环境复杂,滑坡、泥石流分布广泛,遍及全省各地、州、市,但总体分布呈西多东少、西北多东南少的趋势。

泥石流的区域分布格局受到地形、岩性、构造、气候、植被和人类活动等因素的影响和控制,从而在区域分布上表现出明显的差异性。

云南省泥石流沟主要分布在:怒江中下游沿岸及支流老窝河、南棒河、倒流河、平达河、南淀河流域,澜沧江中游沿岸及支流通甸河、黑惠江、比江、柯街河、小黑江、南桥河沿岸,金江河中下游及支流腊普河、金棉河、龙川河、普渡河、小江、牛拦江、洒鱼河沿岸,红河上游的巍山河、南涧河、鹿鸣河及支流绿叶江、一街河、南溪河、把边江沿岸、大盈江沿岸,程海、杉阳、平达、象达、大理和保山盆地边缘地带。

云南省滑坡集中分布区(段)主要在:滇西北海拔 4000m 以上的梅里雪山、甲午雪山、白茫雪山、哈巴雪山、玉龙雪山冰川活动区,南涧—景东,绿春—河口,宁蒗—丽江,盈江—梁河,大关—永善。

2.4 重大自然灾害下公路交通生命线信息需求分析

灾情严重程度与致灾因子、孕灾环境及受灾体有关。因此,本书通过分析影响云南省公路交通生命线网络安全运营的致灾因子及孕灾环境特点,提出重大自然灾害下公路交通生命线网络设施破坏特征,并进行相应的机理分析。

2.4.1 公路交通生命线的界定

公路交通生命线可以归纳为保障交通安全、快速、高效运转的公路交通基础设施子系统及相关附属设施子系统集合形成的交通通道系统,任何一个子系统遭到外界因素的破坏都会影响到整个系统的功能发挥,严重影响居民的居住、工作和游憩活动,从而制约国家各方面的发展。

重大自然灾害下,公路交通生命线系统发生严重破坏,路网连通性降低,

使得救灾车辆、人员和医疗、生活物资迟迟不能进入,严重影响抗震救灾的进度。因此,第一时间并且实时获得公路交通生命线的破坏状态,是防灾、减灾的一项重要工作。

2.4.2　重大自然灾害对公路交通生命线网络设施的破坏特征

2.4.2.1　地震

通过分析历年地震资料发现,公路交通生命线震害大体沿发震断裂方向呈带状分布,对于垂直于发震断裂方向的交通生命线,距离断裂带越近,受损就越严重。地表破裂带处的公路会遭受程度较重的损坏,并且位于断层上盘的公路震害密度大于下盘。

地震对公路交通生命线设施破坏特征按照致灾机理可分为直接震害和间接震害两种类型。直接震害是指由于地震引起的强烈震动使公路交通生命线网络设施结构的动力响应过大,造成公路交通生命线结构物破坏;而间接震害是指因地震引发的次生地质灾害导致的公路交通生命线破坏。

(1)间接震害

地震诱发的次生地质灾害主要包括滑坡、泥石流、崩塌、碎屑流及堰塞湖等,高山峡谷区的次生地质灾害极为严重。由次生灾害产生的滑坡堆积体、塌方体会砸毁、掩埋路基路面、桥梁及隧道洞口,落石则会砸坏路基,泥石流则会冲毁桥梁、造成道路水毁破坏,堰塞湖会淹没道路、桥梁。滑坡和泥石流对道路的具体破坏形式在本章会进行详细介绍。

(2)直接震害

地震对公路交通生命线的破坏类型按承灾体不同可分为路基路面、桥梁、隧道三个方面。

路基路面直接震害类型主要有:路面纵横向裂缝,路基路面整体错动、滑移,路基路面沉陷,路基坍滑,路基隆起、挤压,边坡典型震害,支挡结构物失效,如图2.3~图2.6所示。

桥梁直接震害特点从桥梁上部结构、下部结构两个方面进行分析。各部位破坏类型如表2.2所示,破坏照片如图2.7、图2.8所示。

第2章　云南省重大自然灾害类型及分布特点

图 2.3　挡墙中下部破坏

图 2.4　路基沉陷错台

图 2.5　路基纵向开裂

图 2.6　路面隆起

桥梁震害类型　　　　　　　　　　　　　　　表 2.2

破坏部位	破坏类型
上部结构	梁体移位、落梁
	主梁梁体、横隔板、桥面板、铰缝开裂
	支座损伤、变形、移位、脱空
下部结构	盖梁、垫石、挡块开裂、破损
	墩柱剪切、压溃、开裂、倾斜
	桥台撞击损伤、台身开裂、锥坡破坏
	基础移位

图 2.7　桥墩墩底压溃　　　　　　图 2.8　桥梁整体坍塌

围岩失稳及地震惯性力作用是隧道发生震害的两大原因。隧道围岩失稳导致的震害类型有衬砌开裂错台、衬砌垮塌、衬砌剥落、渗水、混凝土掉块、初支垮塌、塌方、仰拱隆起错台、沟槽破坏、中央排水沟上覆仰拱填充混凝土隆起以及沟槽侧墙向外倾斜、盖板脱落等。由于地震惯性力作用导致的隧道震害表现形式有边仰坡崩塌、端墙帽石被砸坏、洞口段衬砌开裂错台、护坡开裂、洞口堵塞等。破坏照片如图 2.9、图 2.10 所示。

图 2.9　衬砌边墙开裂剥落　　　　图 2.10　洞口边坡垮塌落石

2.4.2.2　泥石流

泥石流是一种含有大量泥沙、石块等固体物质的特殊洪流。通常情况下,泥石流突然暴发,短时间内将泥沙、石块冲出沟外,在宽阔的堆积区横冲直撞、漫流堆积,给公路交通生命线造成重大危害。

泥石流对公路的危害方式比较复杂,危害程度较为严重。根据公路工程特点,其危害方式可分为直接危害和间接危害。直接危害主要有淤积、淤埋、堵塞、冲击、冲刷;间接危害有堵断主河、主河河床快速淤积以及主河河相变化。

2.4.2.3 滑坡

滑坡对道路的破坏实质上是滑坡运动与道路自身的空间组合关系。从滑坡对道路破坏的空间组合考虑,可将滑坡分为三种类型:滑塌堆积型、掏挖型、整体滑动型。图2.11所示为德宏州腾龙某二级公路滑坡灾害。

图2.11 腾龙某二级公路滑坡灾害

2.4.2.4 水毁

雨水对公路交通生命线网络设施的破坏模式主要包括崩塌、滑坡(上坍)、泥石流、冲毁路基(下塌)、水毁路面、水毁桥涵、路基沉陷和道路翻浆八大种类。其中,上坍破坏恢复快,1~2h甚至都能通车;而下塌因需征地作为便道,所以恢复通车比较慢。图2.12所示为德宏州腾龙某二级公路水毁灾害。

图2.12 德宏州腾龙某二级公路水毁灾害

2.4.3 重大自然灾害灾情信息的定义及分类

重大自然灾情信息是指重大自然灾害发生后,在灾害应急、灾后快速反应、现场紧急救援等阶段决策指挥、抢险救灾所需要的灾害相关信息。

灾后灾情信息量大,按照不同的标准可以归为不同的类别体系,各类别体系之间又相互穿插、相互关联,一般可以从时态性、空间属性、数据源、比例尺、数据种类和数据格式等几个方面进行分类,如表2.3所示。

灾情信息分类 表2.3

灾情信息分类标准	灾情信息
时态性	静态数据、动态数据
空间属性	空间数据、非空间数据
数据源	卫星遥感数据、航拍影像数据、地面跟踪数据、移动终端数据
比例尺	1:400万、1:100万、1:25万、1:5万、1:1万及更大比例尺
数据种类	地理影像数据、地理矢量数据、地理高程数据、三维模型数据、监控数据、灾情产品数据、灾情公文数据、地名数据以及属性数据
数据格式	JPG、Tiff、Word、PDF、BMP、txt、AVI、xls、X、shp、3ds

2.4.4 重大自然灾害下公路交通生命线灾情信息

针对灾后公路交通生命线网络设施破坏形式及应急救援的工作内容,将灾后所需采集信息分为基础资料以及灾情资料两类。

2.4.4.1 基础资料

灾后需要搜集的灾区基础资料内容主要包括灾区人口、经济状况、地质构造等基础地理数据,以及公路交通生命线(包括名称、桩号、地理位置、线形等)设计资料。以桥梁为例,所需基本资料包括桥梁设计资料、地理位置及桥轴走向、所属道路的建设年代、道路等级及设计时采用的抗震设防烈度等。

2.4.4.2 灾情资料

灾害发生后,除了快速搜集灾区基本资料,还要在第一时间采集自然灾害相关参数及灾区受灾情况,主要包括以下几类。

(1)地震参数

地震发生后,基准台 12min 之内会向地震局相关工作人员报送地震参数即地震三要素,包括地震震级、震中位置、地震时间。2min 后中国地震局发布准确的地震信息。地震初期,尚未有现场灾情资料可供分析,因此灾情组需通过灾害评估系统,利用地震参数以及灾区的相关背景资料,生成各类灾情预估报告,包括受灾范围、经济损失、伤亡人数及生命线工程的破坏情况。

(2)气象信息

震后通常会出现阴雨天气,云雾对卫星遥感图像、航拍图片有严重干扰,降低信息的精准度,而且阴雨天气不利于实施救援,因此国家气象中心会实时提供灾区的气象信息,包括大气压力、温度、湿度、降雨量、风力、地面温度等。

(3)公路交通生命线设施破坏信息

本书中研究的公路交通生命线设施主要包括路基路面、桥梁以及隧道。通过遥感、航空摄影、GIS 等手段获得损毁道路的位置、毁路长度、破坏形式,为公路通达能力诊断提供数据基础。

2.4.4.3 公路交通生命线损毁信息采集阶段划分及信息需求特点

根据震后抗震救灾工作的侧重点不同,将公路交通生命线损毁信息采集工作分为三个阶段。

第一阶段为交通生命线抢修阶段,时间为灾后 1 周内。在此阶段,抢险救援队伍最主要的任务是对瓦砾下的幸存者开展搜救和医疗救护,紧抓黄金 72h,以最快的速度最大限度地抢救生命。围绕这一核心任务,需要第一时间了解通往灾区交通生命线的总体受损情况,并进行实时更新,提供决策依据。

在该阶段交通生命线灾情信息主要有三个特点:快、实时以及准确。快速并实时获取准确的生命线受损信息,为公路抢通方案的制定及最优救援路径的选择提供宝贵资料,为营救争取大量时间。

第二阶段为交通生命线的保通阶段,时间为灾后 1 周后的 20 天。在该阶段,救援队伍在开展抢险救援工作的同时,需要紧急向灾区调运救灾物资,进行灾民安置工作。此时通往灾区的大部分公路都已抢通,但是通行能力脆弱,抗灾性能差,而强震后灾区余震不断,同时会引发泥石流、滑坡等次生灾害,公路易再次出现中断。因此,需要重点监测次生灾害的发展及演变过程,并且获得精准的生命线的破坏信息,确保运输救灾物资的交通生命线能够通行。

该阶段交通生命线灾情信息的主要特点为:①道路受损信息详细且精准;②次生灾害信息优先级提高。

第三阶段为交通生命线的灾后重建阶段,为灾后 1 个月至之后的 5～10 年时间。开展灾区的恢复重建规划工作需要全面、翔实地调查和统计受灾地区交通生命线的受损状况。

该阶段交通生命线灾情信息的特点为:①全面;②与实际完全一致,精准度高。

2.5 本章小结

(1)通过研究云南省地形地貌、气象与水温以及地质环境的特点,并结合云南省历年来的灾害资料,分析总结出对云南省公路交通生命线影响严重的主要自然灾害类型。

(2)依据现场调研资料以及网络新闻资料,详细分析了云南省主要重大自然灾害的时空分布特点。

(3)提出公路交通生命线的定义,并通过搜集国内重大自然灾害下公路交通生命线灾情资料,分析了重大自然灾害对交通生命线的破坏类型,并进行了相关机理分析。

(4)依据重大自然灾害下公路交通生命线的破坏类型以及应急救援不同时段的信息需求,分析了灾后交通生命线信息需求及对应救援时段的信息需求特点。

第 3 章 公路交通生命线信息采集及提取方法研究

3.1 灾后公路交通生命线信息采集方式

按照地震应急指挥中心指示,各部门采用不同信息采集方式进行灾情监测,采集的数据通过不同的信息传输方式传送给国家地震应急指挥中心。信息采集流程如图 3.1 所示。

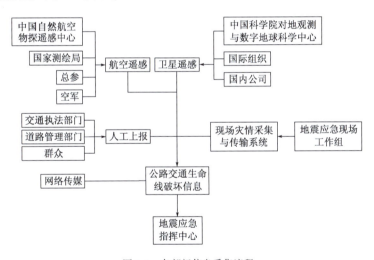

图 3.1 各部门信息采集流程

3.1.1 数字地震台网

1993 年,云南地震监测台网引进并建立了数字地震观测台站,地震观测技术提高到一个新的水平,经过"十五"云南数字化台网建设,其监测能力得到极大提升。数字地震台网主要包括测震台网、前兆观测台网、强震观测台网三种。

测震台网的作用是测定国内外地震发生的时间、地点和震级大小。这类台站的布设采用均匀布台的方式,台站越密,则可测到地震的下限震级就越小,台网定位精度也就越高。前兆观测台网是以观测震前各类异常现象为目的的台网。这类台站一般布设在活动断裂带上或其附近地区,因为这里是地壳运动反应灵敏,深浅部应力、应变信息传递的窗口地带,观测内容包括地壳变形、重力、地磁、地电、水温、水位、水质、地应力、电磁辐射等形变场、物理场、地球化学场等变化情况,用以研究这些变化与强地震发生的相关关系,以服务于地震的预测、预报。强震观测台网是以观测强地震产生的位移、速度或加速度为目的,可用于研究强地震在地面和建筑物上的运动规律,用于指导建筑物、构筑物的抗震设计。

3.1.2 3S 技术

随着空间技术的发展,3S 技术在灾情监测中得到广泛应用。3S 是遥感(RS)、地理信息系统(GIS)和全球定位系统(GPS)的简称。从 RS 中获取信息,由 GPS 进行定位、定向及导航,再由 GIS 进行分析处理,并提供各种图形和数学模型,最终提出预测、预报方案。

GPS 可提供全天候实时、高精度三维位置、速度以及精密的时间信息,可对地表空间任意位置准确确定;可为 GIS 及时采集、更新和修正空间数据;同时 GPS 的快速定位为 RS 数据实时、快速进入 GIS 提供了可能,保证了 RS 数据及地面同步监测数据获取的动态配准、动态进入 GIS 数据库。

GIS 拥有海量的数据管理功能和强大的空间分析功能,可将定性分析和定量分析结合应用,能为地球上的空间对象提供数字表达形式,模拟空间事物的动态发展过程,是管理数据、分析空间数据和遥感图像辅助分类的有效工具。

3.1.3 现场灾情采集与传输系统

当 5 级以上地震发生后,应急指挥中心组织地震现场工作组在震区和震区周围进行各项应急工作,主要任务是现场震情采集分析与趋势判断、损失评估等,一般要求 2h 内派出工作组。现场灾情采集与传输系统设备包括通信终端和应用终端,所用仪器如表 3.1 所示。

现场灾情采集与传输系统　　　　　　表 3.1

	设备	灾情获取	灾害评估	安全性鉴定
应用终端	便携式计算机	必选	可选	必选
	数码照相机	必选		
	数码硬盘摄像机	必选	可选	
	GPS 定位仪	必选	可选	可选
	现场信息输入设备	可选	必选	可选
	移动式多功能电源	必选		
	回弹仪	不选	—	必选
	钢筋扫描仪	不选	—	必选
通信终端	对讲机	可选		
	便携海事卫星 Mini-M 终端	可选		
	便携海事卫星 M4 终端	可选		
	海事卫星 BGAN 终端	可选		
	移动无线视频传输终端	必选	可选	可选
	无线网终端	可选	可选	可选

地震现场工作组流动作业时,通过携带的应用终端获取现场数据(包括灾情图像、视频、文字等资料),然后通过携带的通信终端进行回传,以及保持和现场指挥部或外界的通信联络。

3.1.4 应急卫星车

发生特大地震时,灾情严重,通信中断,灾区无法与外界取得联系,并且现场灾情信息也无法传回应急指挥中心。为了应对特大地震时的紧急情况,云南省地震应急指挥中心及相关交通运输主管部门都配备了应急卫星车(图 3.2),用来拍摄现场灾情图像及视频,并及时将图像及视频传回应急指挥中心。

图 3.2　应急卫星车

目前采用的应急卫星车主要是静中通卫星车、动中通卫星车。云南省配置的小型静中通卫星车可容纳5~6人,可以直接与应急指挥中心进行视频通话。还有一辆改造过的汽车作为应急车辆,其空间相当于一个小型会议室,有视频传输系统,可与指挥长进行通话,反馈现场灾情。

3.1.5 人工采集

1. 群测群防队伍

群测群防是指县(市、区)、乡(镇)两级人民政府和村(居)民委员会通过接受过专业知识培训的乡村监测员和人民群众对地质灾害隐患点的巡查监测,发现前兆或险情并即时报警,快速组织受威胁群众转移至安全地带,最大限度地减少或避免人员伤亡的一种主动防灾、减灾措施。对于极易发生地质灾害的山区,通过巡查建立地质灾害监测点,形成群测群防系统。除了对地质灾害的监测,地震群测群防队伍需对所发生的宏观异常现象搜集上报,以起到防震减灾的作用。

群测群防的防灾、减灾运行体系如图3.3所示。

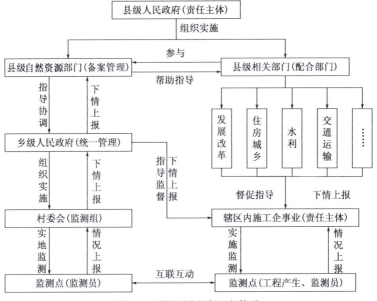

图3.3 群测群防队伍运行体系

群测群防队伍通过电话或者将纸质版监测数据提交给各监测组,上报的内容包括灾情出现的时间和地点、灾害类型、灾害体的规模、可能的引发因素和发展趋势,并且可以通过携带的监测工具测量出具体的尺寸数据。

2. 交通相关部门

灾后公路交通生命线破坏信息部分来源是当地相关机构以及公安厅、交通运输厅、民政厅一些横向单位通过电话、传真上报,再由应急指挥信息组人员填写灾情统计表进行汇总,如表 3.2 所示。

震后灾情统计表 表 3.2

地点: 时间: 震级: 经度: 纬度:

位置	时间	灾情简况

3.1.6 网络传媒

通过应急指挥中心调查得知,震后地震应急指挥中心信息采集部门可以通过社会媒体(包括新闻媒体、网络传媒、微博等社交平台)获得灾区灾情信息,信息采集部门通过爬虫系统自动抓取大量冗余的灾情信息,并录入道路损毁信息统计表,为应急救援节约了大量时间。

3.2 灾情信息传输方式

3.2.1 有线传输方式

信息反馈来源直接接入 Internet 的端口,将灾情速报队伍搜集到的现场灾情信息和专业队伍或地震现场工作组搜集到的其他信息,包括图片信息、录像信息、利用专业设备采集的数据和咨询当地居民的调查结果等,利用 Internet 传输到地震局指挥中心核心服务器中的上传下达系统。

3.2.2 无线传输方式

信息反馈来源将现场采集到的所有数据信息利用无线传输设备,通过 GSM、GPRS、CDMA 网络接入地震局指挥中心核心服务器中的上传下达系统。

3.2.3 电话、传真方式

当破坏性地震发生时,计算机网络系统有可能遭到破坏,不能正常工作,或当现场没有 Internet 接入时,可采用电话、传真方式;速报人员通过电话网络报送各区各市地震办公室或指挥中心,其终端对数据进行处理、录入,再交付核心服务系统中的上传下达系统进行分发。

3.2.4 卫星传输

现场工作人员通过专业设备利用卫星通信技术将数据安全快捷地报送地震局指挥中心核心服务器中的上传下达系统。

3.2.5 人工传输

灾情速报队伍人工将数据报送地震应急机构,再通过终端对数据进行处理、录入,再提交核心服务器中的上传下达系统。

3.3 重大自然灾害下公路交通生命线信息提取研究

灾害发生后,在整个救灾过程中国家资源卫星应用中心可以通过自主拥有的对地观测卫星对灾区进行持续观测。但由于国内遥感卫星地面分辨率较低,无法提取出道路,从而不能判断其受损情况。这时可以通过空间信息资源共享机制——"空间与重大灾害国际宪章机制"无偿获取灾区相关的卫星遥感图像,进行灾情监测与分析。利用空间分辨率为 3m 以上的卫星图像对公路交通生命线损毁信息进行研究。

3.3.1 面向对象方法的基本理论

面向对象方法分析的是对象而不是像元,因此可以结合各种地学概念进行分析。面向对象图像处理的两个重要组成部分为影像分割和模糊逻辑分类。首先需要对遥感影像进行图像分割,在提取分割单元的纹理、几何等特征后,在特征空间中进行对象识别和标识,从而最终完成信息的分类与提取。图像分割参数(包括尺度大小、波段权重和同质性系数比例)、分割尺度的选择要综合考虑空间分辨率、光谱、纹理等特征的影响。

本研究中的道路信息提取针对影像对象本身包含的特征,如形状、光谱、纹理等。

3.3.2 道路及次生地质灾害遥感图像影像特征分析

1. 正常状态下道路遥感图像特征

①纹理特征:道路的纹理特征一般较简单,熵值一般较小。

②光谱特征:在一条道路内部,灰度分布应在一个相对固定的灰度空间,其光谱均值的标准差一般较小;道路和周边景物的灰度变化可能较大。但是不同的道路如水泥路、沥青路、土路等,由于材质不同,其光谱特征也有所不同,且与其他地物存在"异物同谱"的现象。

③几何特征:图像分割后,道路将形成很多细长的条状图像对象,一般均具有较大的长度或较大的长宽比,且在一定的面积范围内,这些几何形状特征是道路区别于其他类型地物的主要特征。道路宽度变化不大,且变化缓慢;道路方向的改变可能比较慢。

2. 受损道路的遥感图像特征

损毁道路表现出不规则的灰度和纹理结构特征。路面破坏和堆积物引起地表粗糙度和反射率发生变化,改变了道路灰度均一性,使得道路灰度和离散度发生变化。损毁道路不再具有规则的道路边缘,道路宽度变化大,边缘参差不齐、不光滑,以至于分割出的影像对象较破碎。破坏程度不同,灰度和纹理变化程度也不同。

3. 泥石流遥感图像特征

(1) 光谱特征

泥石流在影像上呈偏亮的色调,其堆积物其光谱特性与堆积物的形成时间、固体物质以及含水率有关。新堆积物有较高的光谱反射率,老堆积物有较低的反射率;固体物质以糜棱岩为主的堆积物其光谱反射率最高,固体物质以高度变质的变质岩为主的堆积物其反射率最低;含水率大的泥石流堆积物其波谱反射曲线有明显的波形分布,含水率较小的泥石流堆积物其反射曲线比较平直。在观测波段范围内,泥石流堆积物的平均反射率随含水率的增加呈从减到增的关系。

(2)几何特征

泥石流的物源区形态似瓢状,多沟同源现象明显;流通区多为长而崎岖的沟谷,呈线状或长舌状分布;堆积区位于沟谷出口处,堆积扇轮廓不明显。其形状多呈勺状、漏斗状,多发生在沟谷中,泥石流流通区宽窄不一、沟槽弯曲。

(3)纹理特征

泥石流扇的影像纹理结构表现为均匀分布的颗粒状、斑点状,粗糙感强烈,而冲洪积扇则表现为斑块状与放射状或集束状纵向条纹相结合的影纹结构,特别是纵向条纹特征是冲洪积扇所特有的影像标志。

4. 滑坡遥感图像特征

(1)光谱特征

航空影像中,滑坡体露出的新岩(土)体亮度很高,与周围的裸地亮度明显不同。卫星影像中,不同的卫星图像滑坡的影响特征有所不同。SPOT 影像中,滑坡体所在地表凹凸不平,土体呈酱紫色或粉红色,滑坡体导致植被破坏,其影像色调与周围土体存在明显差异;福卫-2 影像中,滑坡体的土层呈暗紫色,裸露的新岩(土)体亮度很高;GeoEye-1 影像中,滑坡体与周围植被的亮度也有明显差异。

(2)几何特征

航片和卫片的几何特征为:滑坡周界清晰,一般呈簸箕形或舌形、梨形、勺形等;滑坡体呈马蹄形、长条形或舌形等平面状态,与周围地物色调差异明显;滑坡壁在平面上则多呈圈椅状或其他形状,陡峭的滑坡壁及其形成的围谷在影像上表现为弯曲的弧形。

(3)纹理特征

航空影像中,可见明显的滑坡主滑线,并且主滑线与新岩体的色差明显。

SPOT 影像中,多数新发育的滑坡体表面呈鱼鳞状,滑坡由于坡体内存在滑坡台阶及微地貌,其纹理较粗糙;福卫-2 影像中,滑坡体纹理较周围植被粗糙;Geo-Eye-1 影像中,滑坡体多有沿坡面向下的竖条状纹理。

3.3.3 基于 ENVI 和 ArcGIS 软件的遥感图像生命线信息提取

ENVI 是一个完整的遥感图像处理平台,是为经常使用卫星和航空遥感数据的人员设计的,它可以为任何尺寸和类型的图像提供全面的数据可视化和分析。基本的遥感影像处理功能主要包括数据转换、滤波、分类、配准、几何纠正、波谱分析工具以及雷达工具。利用 ENVI 软件可以对遥感图像进行预处理。

ENVI 5.0 版本增加了 Feature Extraction 模块(面向对象空间特征提取模块),从高分辨率全色或者多光谱数据中提取信息。该模块可以提取精准度较高的道路信息,并且该模块还可以在操作过程中随时预览影像分割效果。ENVI FX 的操作可分为两部分,即发现对象和特征提取,如图 3.4 所示。

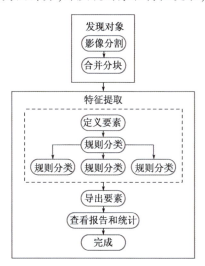

图 3.4 ENVI 5.0 Feature Extraction 操作流程示意

选取空间分辨率为 0.1m 的航拍图像作为道路信息提取对象,使用基于知识的特征提取方法。

FX 根据临近像素亮度、纹理、颜色等对影像进行分割,它使用了一种基于边缘的分割算法。这种算法计算很快,并且只需一个输入参数就能产生多尺度分割结果。通过不同尺度上边界的差异控制,从而产生从细到粗的多尺度分割。选择高尺度影像分割将会分出很少的图斑,而选择一个低尺度影像分割则会分割出更多的图斑。分割效果的好坏一定程度上决定了分类效果的精确度。可以通过预览分割效果选择一个理想的分割阈值,尽可能好地分割出边缘特征。根据遥感图像中道路独有的特征,此次试验选取基于边缘检测的分割算法,分割尺度取60。

区域合并分块的基本思想是将具有相似性质的像元集合起来构成区域多边形,目的是解决影像分割时阈值过低造成特征被错分,一个特征被分成很多部分的问题。FX利用Full Lambda Schedule算法,合并尺度定为90左右。

建立提取目标对象道路分类,选择光谱、纹理、几何三类规则对道路进行提取。此次试验选取Area、Mean、Range作为对道路的属性描述,取值过程中也可通过预览不断修正参数值,以得出最为理想的提取结果。

通过提取前后对比发现,用FX提取道路结果精准度较高(图3.5)。

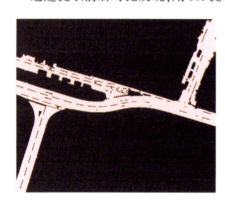 

图3.5　最终提取结果与原图对比

仅仅依靠分类结果无法快速得到道路损毁的几何信息和属性信息。在提取道路损毁信息之前,可将道路网矢量数据与经过纠正的高分辨率遥感影像进行精确配准。可通过自适应模板匹配方法,根据道路走向得到每一个模板的匹配系数,根据匹配系数就可以得到道路损毁的几何信息和属性信息。也可以将ENVI软件处理的分类结果导入ArcGIS软件中,利用ArcGIS软件的测量功能对道路平面尺寸,如道路受损宽度、受损长度、受损面积等进行量测。对于次生灾害造成的道路掩埋、坍塌破坏的高程信息,可通过 ENVI 软件从遥感图像中提取出 DEM 数据,根据灾前、灾后高差从而获得道路受损的几何信息。

最终灾情结果必须以最快的速度、简明扼要的形式进行处理,以便及时供上级领导及灾区决策者使用。道路损毁信息统计表如表 3.3 所示。

道路破坏信息统计表格　　　　　　表 3.3

编号	地址	国道或省道编号	中心坐标	长度(m)	毁路性质

3.4　多源公路交通生命线信息融合方法研究

通过本章中重大自然灾害信息采集技术的总结可以发现,重大自然灾害发生后,有多种获取灾害地区灾情的方式。灾情信息包括来自多个空间地点、多种检测器的信息。由于自然灾害发生后,受灾地区比较广泛,灾情程度各异,单独使用某种技术所得到的灾情并不完整,直接影响应急指挥中心所采取的应急管理预案是否正确。因此,为了提高交通信息的准确性和可靠性,需要对来自多个信息源灾情进行联合分析与处理。

3.4.1　多源信息融合技术的原理

信息融合是对多源信息进行处理的一种理论和方法,是把不同时间和空间的信息进行综合处理,从而得到对现实环境更精确的描述。其基本原理和出发点为:充分利用多个信息源,通过对这些信息源及其提供信息的合理支配和使用,把多个信息源在空间或时间上的冗余或互补信息依据某种准则进行组合,以获得对被测对象的一致性解释或描述,使该信息系统由此获得比其各组成部分子集所构成的系统更优越的性能。

多源信息融合虽然未形成完整的理论体系和有效的融合算法,但在不少应用领域根据各自的具体应用背景,已经提出许多成熟并且有效的融合方法。多传感器信息融合的常用方法基本上可概括为随机和人工智能两大类,随机信息融合方法有加权平均法、卡尔曼滤波法、贝叶斯估计法、D-S 证据推理、产生式规则、统计决策理论、模糊逻辑法等,而人工智能信息融合则有模糊逻辑理论、神经网络、粗糙集理论、专家系统等。

3.4.2 公路交通生命线多源信息融合模型

3.4.2.1 多源信息融合的结构模型

按照对信息的抽象程度,数据融合主要在 3 个层次——像素级融合、特征级融合和决策级融合上展开。其中,决策级融合是一种高层次的融合,它直接对完全不同类型传感器或来自不同环境区域的感知信息形成的局部决策进行最后分析,以得出最终的决策。特征级融合属于中间层次的融合,是对从原始信息中提取的特征信息(如目标的边缘、方向、速度等)进行融合,能够增加某些重要特征的准确性,也可以产生新的组合特征,既保留了足够的信息,又实现了可观的信息压缩,具有较大的灵活性。像素级融合是最低层次的融合,它是在原始传感器数据未经处理或很少处理的基础上进行的一种融合,能够提供其他层次上所不具有的细节信息,主要针对目标检测、滤波、定位、跟踪等低层次数据处理,但融合数据的稳定性差,处理实时性较差,具有很大的局限性,通常用于多源图像的复合、图像分析和理解、多源传感器数据的卡尔曼滤波等。

多源信息融合的监测、状态、属性融合分别可以采用一定的融合结构。多传感器目标监测的结构模型主要有集中式监测结构、分布式监测结构及混合式监测结构 3 种。

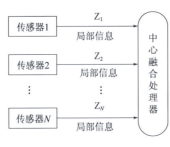

图 3.6 集中式融合结构

在集中式检测方法中,局部传感器直接将所有观测数据传送到融合节点,在融合中心执行数据校准、数据关联、航迹/点迹融合、预测和跟踪,其结构如图 3.6 所示。所有传感器对整个全局观测空间进行观测,观测数据全部用于全局判定,从而得到监测结果。

分布式融合结构首先在局部传感器上对观测信息进行局部处理,然后将局部处理结果传送到数据融合中心,在融合中心形成最终的全局估计,其结构如图 3.7 所示。与集中式监测方法不同,分布式监测系统不需要很大的通信开销,但其性能却由于在融合节点没有接收到所有传感器的观测数据而被降低。

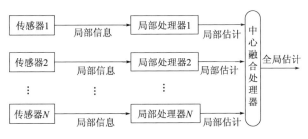

图 3.7 分布式融合结构

混合式融合结构包含了原始数据和矢量数据的融合,其结构如图 3.8 所示。混合式融合结构注重强调监视融合过程和有效调度数据级融合与矢量融合,因此具有较强的适应能力,兼顾了集中式融合结构和分布式融合结构的优点,稳定性强。但该结构加大了数据处理的复杂程度,并且需要提高数据的传输速率,在通信和计算耗时上付出了代价。

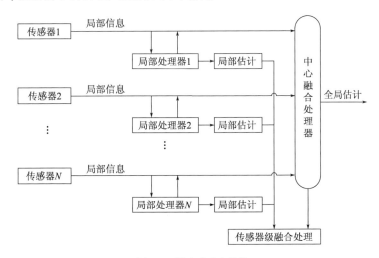

图 3.8 混合式融合结构

3.4.2.2 多源信息融合的功能模型

多源信息融合功能模型是从融合过程的角度,表述信息融合系统及其子系统的主要功能、数据库的作用,以及系统工作时各组成部分之间的相互作用关系。

在多源信息融合系统的功能模型中,JDL(Joint Directors of Laboratories)模型及其演化版本占有十分重要的地位,是目前信息融合领域使用最为广泛、认可度最高的一类模型,其结构框架如图3.9所示。

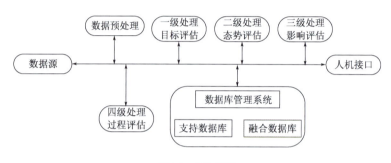

图3.9　JDL模型

3.4.2.3 公路交通生命线多源信息融合模型

灾后公路交通生命线信息的多源性体现在不同的来源、不同的环境、不同的层次及不同的分辨率。在空间上,这些信息来自不同的区域;在信息属性上,这些信息可以包括道路桩号、道路受损范围、道路破坏形式等;在数据类型上,可包括数值、数据、图形、文字、语音和视频等信息;在采集手段上,可包括人工采集的信息、遥感数据等。

基于信息需求以及交通生命线信息采集方式分布,并结合交通生命线系统的空间分布方式,本研究提出交通生命线的多分布式多源信息融合结构模型,如图3.10所示。

3.4.3　数据关联

目前常用的数据关联方法有门限法、最近邻法和概率数据关联法。根据所提取的道路信息,可依照桩号并结合最近邻法来进行数据关联。

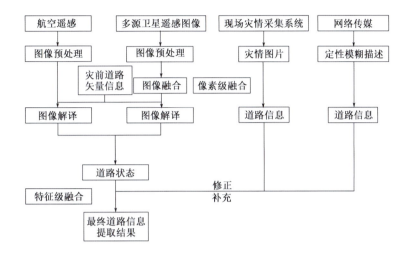

图 3.10　交通生命线多源信息融合模型

多源道路灾害信息进行数据关联后,以固定有序的形式(表 3.4)进入融合计算中心。

数据关联的统一格式　　　　　　　　　　　　　　　　表 3.4

公路名称	等级、编号	桩号	损毁长度	毁路性质	时间

3.4.4　基于 D-S 证据理论的公路交通生命线多源信息融合

3.4.4.1　处理不确定多源信息的融合算法研究

灾后获取交通生命线信息的手段比较多,但由于采集方式不同,时间、空间分辨率、数据的精准度等也不一样,特别是网络传媒、人工报送的信息存在很大的不确定性。对于不确定多源信息的融合,目前主要有基于 Bayes 准则、神经网络、模糊积分、D-S 证据理论的融合算法。

Bayes 准则是发展最早,也是目前理论上最完整、最成熟的信息融合方法。也正是基于此,它成为多传感器信息融合和优化决策的主流技术。Bayes

准则是基于最大后验(maximum a posteriori, MAP)检验和似然比(likelihood ratio, LR)检验的。如果能够获得先验概率,Bayes 准则是最优的方法,但是先验概率如何获得是一个很实际的问题。在有些工程实际中,没有办法得到先验概率,这就限制了 Bayes 准则的应用。

以神经网络进行信息融合的技术近年来也取得显著进步。在数据层的信息融合时,源信息包含比较多的不确定性信息,对这些数据的融合过程是一个不确定性推理过程,在这个过程中,推理比数值运算更为重要,而这正是神经网络的优势。同时,非线性并行处理能力也是神经网络区别于其他信息融合方法的优势所在。神经网络的学习能力保证了神经网络对人的思维过程的学习和模拟,对无数学模型和难以建立数学模型的推理过程有很好的适应能力。但是神经网络的学习和成熟需要借助一定的样本进行训练,而这个要求在一些工程实际中是不能满足的。另外,神经网络中的神经元一般是两态或者线性的,利用这样的神经网络可以对一些相对简单的非线性关系进行模拟,反映一些简单的非线性特征;而要进行更复杂的非线性推理的模拟,则还需要一定的改进和发展。

模糊积分实际上是一种搜索算法,它的依据是对象证据与期望目标之间的最大一致性。采用模糊积分方法进行信息融合的关键问题是确定模糊密度,模糊密度反映了各证据的重要性。一般模糊密度的确定方法有两种,一种是通过训练数据直接得到,另一种是由专家根据经验给予。如果没有大量的训练数据作为支撑,则专家的经验在模糊密度的确定上占主导地位。而专家信息的主观性太强,而且由于模糊密度对模糊积分结果的影响非常大,所以采用专家制定的模糊密度很难得到最优的结论。

3.4.4.2 基于改进的 D-S 证据理论的灾后公路交通生命线多源信息融合

D-S 证据理论采用数学推理的方式进行不精确和不完整信息的融合计算。D-S 证据理论融合方法的优势在于不需要大量的数据基础,主观性大大降低,对每种信息源结果相同或者相悖的情况都适用。

在 D-S 证据理论融合算法中,识别框架是整个判断的框架,基本概率分配是融合的基础,融合规则是融合过程,而信任函数和似然函数用来表达融合结论对某个假设的支持力度区间上、下限。

(1) 识别框架

Θ 是一个互斥的非空有限集合,称为识别框架。在这个框架下,包含了对某个事件进行判断的所有可能假设。举例来说,有一个识别框架可以表达为: $\Theta = \{F_1, F_2, \cdots, F_n\}$。该识别框架中有 n 个可能的假设,表示"假设 F_1 出现"。证据理论融合算法的任务就是对每个可能假设的信任力度进行估计。

(2) 基本概率分配

基本概率分配(BPA)是一个函数,这个函数被称为 m 函数。

$$M: 2^{\Theta} \to [0,1] \qquad (3.1)$$

并且满足

$$M(\phi) = 0 \quad \sum_X m(X) = 1 \qquad (3.2)$$

当一个证据构成时,识别框架内的每一个可能假设或者假设组合都应该被分配一个 $[0,1]$ 的信任水平,所有假设或者假设组合的信任水平之和应该等于 1。

(3) 融合规则

融合规则是反映证据之间相互联合作用的一个法则,可将多个数据源各自的判断合理地合并在一起。

$$\begin{cases} m(A) = m_1 \oplus m_2 \oplus \cdots \oplus m_n(A) = \dfrac{\sum_{A_1 \cap A_2 \cap \cdots \cap A_n = A} \prod_{i=1}^{n} m_i(A_i)}{1-k}, A \neq \emptyset \\ m(\emptyset) = m_1 \oplus m_2 \oplus \cdots \oplus m_n(\emptyset) = 0 \\ k = \sum_{A_1 \cap A_2 \cap \cdots \cap A_n = \emptyset} \prod_{i=1}^{n} m_i(A_i), k \neq 1 \end{cases}$$

(3.3)

式中: m_i ——数据源 i 的证据定义的证据函数;

A_i ——与数据源 i 相关的识别框架幂集合的元素;

k ——合并法则的归一化常数,反映了各证据之间的冲突程度。

(4) 信任函数

D-S 证据理论的融合结论通过一个区间来表达对任意一个假设的支持力度,这个区间的下限称为信任函数,信任函数也称为信度函数(belief function, Bel),在识别框架 Θ 上信任函数定义为:

$$\mathrm{Bel}(A) = \sum_{B \subseteq A} m(B) \tag{3.4}$$

融合结论中某假设的信任函数在融合计算时,只计算直接对该假设的支持力度,而不计算包含有该假设的组合中的支持力度。如果在基本概率分布中有一部分的支持力度被分配给未知领域,那么这部分的支持力度同样不能被计算在信任函数中。

(5)似然函数

D-S 证据理论的融合结论区间的上限称为似然函数,似然函数也称为似然度函数(plausibility function, Pl),在识别框架 Θ 上似然函数定义为:

$$\mathrm{Pl}(A) = \sum_{B \cap A \neq \emptyset} m(B) \tag{3.5}$$

融合结论中某假设的似然函数在融合计算时,不仅要计算直接对该假设的支持力度,也要计算包含该假设的组合的支持力度和被分配给未知领域的支持力度。

在证据理论中,对于识别框架 Θ 中的某个假设 A,根据基本概率分配(BPA)分别计算出关于该假设的信任函数 $\mathrm{Bel}(A)$ 和似然函数 $\mathrm{Pl}(A)$ 组成信任区间 $[\mathrm{Bel}(A), \mathrm{Pl}(A)]$,用以表示对某个假设的确认程度。

传统的 D-S 证据理论仅适用于对同等重要的证据进行融合,而采用改进的 D-S 证据理论进行灾后多源信息融合,能够有效解决不同可靠度的道路状态信息相悖时融合的问题。改进的 D-S 证据理论基于数据源的可靠性对融合规则得到的信任度乘以可靠性权重,从而使得融合结果更加理想。

3.5 本章小结

(1)总结归纳了国内外现有的灾害信息采集技术,并分析了灾害信息至应急中心的传输方式,以及每种采集方法的数据类型。

(2)针对遥感图像提出道路信息的提取方法,利用软件进行半自动化提取公路交通生命线的破坏信息,提高工作效率,为救援节省大量时间。

(3)依据多信息采集方式的特点,初步构建多源信息融合模型框架,提出基于改进的 D-S 证据理论的多源信息融合方法,改进的 D-S 证据理论方法能够有效解决不同信息源获得信息相悖时融合的问题。

第 4 章　灾后公路破坏快速诊断技术

4.1　公路破坏指标

公路破坏指标是在灾后公路破坏影响因素分析、公路震害水毁资料统计分析的基础上提出的,用于建立基于经验型的公路破坏快速预估方法,以及用于缺乏实时信息状况下的公路破坏预估。

4.1.1　公路震害与地震烈度的关系

根据前面公路震害影响因素分析结果可知,地震烈度是影响公路震害最为重要和直接的因素之一,其与震害类型和严重程度之间也存在内在联系。通过对汶川地震不同烈度震区内路基、桥梁和隧道破坏数据的分析整理,以期找到公路震害与地震烈度的关系,用于公路震害快速诊断。

(1)公路震害资料调研

2008 年汶川地震是新中国成立以来破坏性最强的一次特大自然灾害,交通运输部科技司及西部交通建设科技项目管理中心启动的公路抗震救灾系列科研项目,对四川、甘肃、陕西三省重灾区、极重灾区内的所有高速公路、国省干线公路,以及部分县乡公路进行了震害调查,花费了大量人力、物力、时间开展汶川地震灾区公路震害调查资料搜集整理工作,出版了"汶川地震公路震害调查"系列丛书。通过公路震害调研,分析了不同烈度区域内路基、桥梁和隧道的破坏分布及规律,结论显示地震烈度与公路破坏之间具有极强的相关性。

汶川地震重灾区、极重灾区隧道受损严重的 5 条线路分别为:都映高速公路、G213 都江堰—映秀段公路、剑阁—青川公路、S105 北川—青川段公路、都江堰—龙池公路。对路基、桥梁、隧道等破坏资料的搜集主要集中在这几条公路上。

(2) 公路工程地震设防烈度

1989年颁布的《公路工程抗震设计规范》(JTJ 004—89),适用于中国地震烈度区划图中所规定的基本烈度为7、8、9度地区的公路工程抗震设计。该规范提出:公路工程按本规范设计后,在发生与之相当的基本烈度地震时,位于一般地段的高速公路、一级公路工程,经一般整修即可正常使用;位于一般地段的二级公路工程及位于软弱黏性土层或液化土层上的高速公路、一级公路工程,经短期抢修即可恢复使用,三、四级公路工程和位于抗震危险地段、软弱黏性土层或液化土层上的二级公路以及位于抗震危险地段的高速公路、一级公路工程,保证桥梁、隧道及重要的构造物不发生严重破坏。

2008年颁布的行业推荐性标准《公路桥梁抗震设计细则》(JTG/T B02-01—2008),修订了相应的设防标准和设防目标,采用了两水平设防、两阶段设计的抗震设计思想,由单一的强度抗震设计修改为强度和变形双重指标控制的抗震设计。汶川地震区的庙子坪岷江大桥、新房子大桥(左、右线)3座大桥,虽然桥墩高度高达40~100m,但是由于采用了《公路桥梁抗震设计细则》(JTG/T B02-01—2008)两水准设防、两阶段设计的抗震设计思想,在汶川地震中经受住了考验,成功达到了抗震设防目标。

(3) 公路震害与地震烈度的关系

地震烈度表示地震对地表及工程建筑物影响的强弱程度,可反映地震影响和破坏的程度。该指标表明了已发生的地震影响的程度。一个地区的地震烈度与这次地震的释放能量(即震级)、震源深度、距离震中的远近有关。大量研究表明,地震烈度与建筑物破坏之间存在密切关系,且目前已达到地震后可快速绘制地震烈度区划的技术水平,因此选用地震烈度作为重要指标,建立公路震害与地震烈度的关系。

本书根据"汶川地震公路震害调查"系列丛书,汇总整理了公路路基、桥梁和隧道震害与地震烈度的关系。

4.1.2 公路震害指标

4.1.2.1 震害指标结构

1. 路基震害指标集

根据公路交通生命线连通可靠性影响因素,以及汶川地震路基震害调查结果,构建路基震害指标,包括烈度与断裂带距离 U_1(地震烈度 U_{11}、与断裂带的距离 U_{12})、公路技术等级与路基类型 U_2(公路技术等级 U_{21}、填挖形式 U_{22}、路基材料 U_{23})、支挡结构类型 U_3(支挡结构材料 U_{31}、支挡结构高度 U_{32})、边坡类型 U_4(边坡防护形式 U_{41}、边坡高度 U_{42}、边坡坡度 U_{43}),如图 4.1 所示。

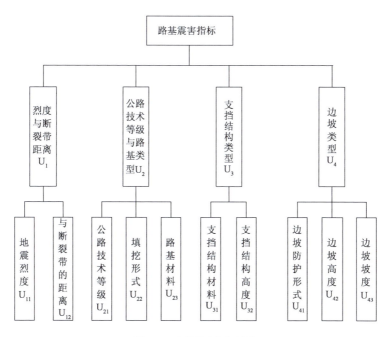

图 4.1　路基震害指标结构

2. 桥梁震害指标集

桥梁作为公路基础设施中相对特殊的结构物,其设计方法、受力、抗震要求等方面均与普通公路存在差异。根据公路交通生命线可通行性影响因素,以及汶川地震桥梁震害调查结果,构建桥梁震害指标,包括烈度与断裂带距离 U_1(地震烈度 U_{11}、与断裂带距离 U_{12}、桥梁抗震设防烈度 U_{13})、桥梁类型及规模 U_2(桥梁类型 U_{21}、桥梁规模 U_{22})、桥梁线形 U_3(曲线半径 U_{31}、主梁交角 U_{32}),如图4.2所示。

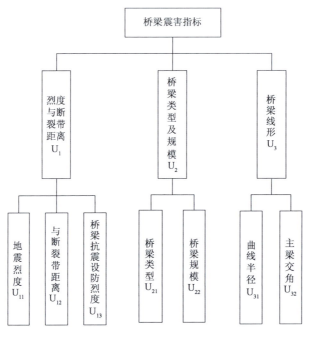

图4.2 桥梁震害指标结构

虽然桥梁桥墩类型及桥墩高度也会对桥梁抗震性能产生影响,但是考虑到不同类型桥梁的桥墩类型和高度无法统一进行划分,加之该因素对桥梁抗震性能的影响并不如桥梁抗震烈度、桥梁类型及规模、桥梁线形这些因素这么显著,因此该因素在桥梁抗震指标集中暂不考虑。

3. 隧道震害指标集

根据公路交通生命线可通行性影响因素分析结果,以及汶川地震隧道震害调查结果,构建隧道震害指标,包括烈度与断裂带距离 U_1(地震烈度 U_{11}、与断裂带距离 U_{12}、隧道抗震设防烈度 U_{13})、围岩及衬砌 U_2(围岩等级 U_{21}、衬砌类型 U_{22})、洞门防护及山体状况 U_3(洞门防护形式 U_{31}、山体岩石植被状况

U_{32}），如图 4.3 所示。

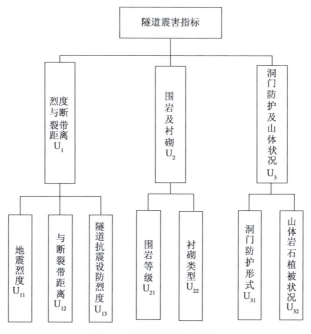

图 4.3　隧道震害指标结构

虽然隧道洞门类型也会对隧道抗震性能产生影响，但是考虑到不同隧道洞门类型与洞门震害之间并不存在相对明确的对应关系，因此该因素在隧道抗震指标集中暂不考虑。

4.1.2.2　震害指标权重

公路震害指标对公路震害的影响各不相同。为了更真实、准确地反映其对震害的影响，需要给各震害指标赋予权重，表征其对公路震害的作用和影响程度，即各指标在指标结构中的相对重要程度。

目前比较常用的权重确定方法有灰色理论法、层次分析法、模糊评价法以及群体决策法等。其中，层次分析法因操作简单、系统简洁而被广泛应用。但其无法解决多人决策冲突时的综合评价问题，构建的判断矩阵不够客观全面，不能准确反映出决策者的主观偏好关系。而云模型理论正是采用自然语言来描述定性的概念并与其给出的数值之间建立不确定性的转化模型。利用云模型对判断矩阵中的两两风险要素的比较标度赋值可以体现随机性,并且云模型的集结算法可以将多人决策的赋值全部代入计算公式,方便决策。因此,本书采用基于云模型改进的层次分析法对公路震害指标进行权重赋值(表 4.1~表 4.3),可在一定程度上克服依靠主观经验确定因子权重的不足。

路基震害指标权重　　　　　　　　　　　　表 4.1

项目	震害指标									
	U_{11}	U_{12}	U_{21}	U_{22}	U_{23}	U_{31}	U_{32}	U_{41}	U_{42}	U_{43}
权重	0.3414	0.1707	0.0164	0.0620	0.0261	0.0529	0.1059	0.1212	0.0367	0.0667

桥梁震害指标权重　　　　　　　　　　　　表 4.2

项目	震害指标						
	U_{11}	U_{12}	U_{13}	U_{21}	U_{22}	U_{31}	U_{32}
权重	0.3762	0.1580	0.0995	0.0480	0.1439	0.0436	0.1308

隧道震害指标权重　　　　　　　　　　　　表 4.3

项目	震害指标						
	U_{11}	U_{12}	U_{13}	U_{21}	U_{22}	U_{31}	U_{32}
权重	0.3647	0.1532	0.0965	0.0895	0.1789	0.0879	0.0293

4.1.2.3 震害指标分级

为了进行公路震害快速预估,根据震害调查分析,将各指标进行分级或分类,分别与公路震害的轻、中、重、损毁这四个等级相对应。

(1)路基震害指标分级

将路基震害 $U_{11} \sim U_{43}$ 这 10 个单指标的分级标准汇总,如表 4.4 所示。

路基震害指标分级　　　　　　　　　　　　表 4.4

指标等级	震害指标									
	U_{11}(度)	U_{12}(km)	U_{21}	U_{22}	U_{23}	U_{31}	U_{32}(m)	U_{41}	U_{42}(m)	U_{43}(°)
损毁	12	<1	三级以下	山腰半填半挖	土质支挡	路堑干砌	>8	无防护结构	30~40	45~65
重	9~11	1~5	三级	坡脚半填半挖	土质路基	路堤干砌	6~8	实体护面墙	20~30	40~45
中	7~8	5~10	二级	路堑	岩质边坡	浆砌片(块)石	4~6	挂网喷浆	10~20	35~4
轻	<7	>10	二级以上	路堤	上土下岩	片(卵)石混凝土	<4	其他防护结构	0~10	0~35

(2)桥梁震害指标分级

将桥梁震害 $U_{11} \sim U_{42}$ 这 7 个指标的分级标准汇总,如表 4.5 所示。

桥梁震害指标分级　　　　表 4.5

指标等级	震害指标						
	U_{11}(度)	U_{12}(km)	U_{13}(级)	U_{21}	U_{22}(m)	U_{31}(m)	U_{32}(°)
损毁	≥11	<1	6	圬工拱桥	>500	<300	<30
重	9~10	1~5	7	简支梁桥	100~500	300~500	30~60
中	8	5~10	8	连续梁桥	30~100	500~1000	60~75
轻	≤7	>10	≥9	其他类型	<30	>1000	75~90

(3)隧道震害指标分级

将隧道震害 $U_{11} \sim U_{32}$ 这 7 个指标的分级标准汇总,如表 4.6 所示。

隧道震害指标分级　　　　表 4.6

指标等级	震害指标						
	U_{11}(度)	U_{12}(km)	U_{13}(级)	U_{21}(级)	U_{22}	U_{31}	U_{32}
损毁	≥11	<1	7	Ⅰ~Ⅱ	无二次衬砌	无防护	松散、裸露、风化岩土/无植被
重	9~10	1~5	8	Ⅲ	无筋素混凝土衬砌	喷射混凝土/喷浆	软岩/少量植被
中	7~8	5~10	9	Ⅳ	钢筋混凝土衬砌	锚杆挂网喷浆/混凝土	较硬岩石/植被较多
轻	≤6	>10	>9	Ⅴ~Ⅵ	复合式衬砌	钢筋混凝土防护	坚硬岩石/植被茂密

4.1.3 公路水毁指标

4.1.3.1 水毁指标结构

公路交通生命线水毁破坏的指标集选取需遵循以下原则:①尽可能简洁、全面,能反映公路水毁破坏的属性;②各指标的易测性要相对较高,指标之间应相互独立。按照这个原则,通过对云南省国省干线公路水毁阻断信息的分析,结合对滑坡、泥石流等破坏的研究,本书提出公路水毁破坏预估的指标结构,包括公路属性指标 U_1(公路技术等级 U_{11}、路基材料 U_{12}、路面等级 U_{13})、沿线地形指标 U_2(边坡高度 U_{21}、边坡坡度 U_{22}、边坡防护形式 U_{23}、植被状况 U_{24})、降水强度指标 U_3(1h 降雨量 U_{31}、24h 降雨量 U_{32})、地震作用指标 U_4(地震烈度 U_{41}、与发震断裂带距离 U_{42}),如图 4.4 所示。

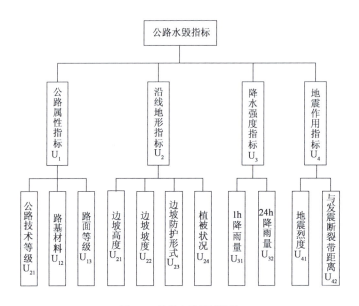

图 4.4　公路水毁指标结构

其中,地震作用指标主要是考虑到作为地震次生灾害的泥石流、滑坡对公路造成的水毁破坏,其与地震烈度、距发震断裂带的距离也会对水毁破坏产生影响。

公路水毁破坏不同于公路震害,对于普通路段而言水毁是破坏的主体,而桥梁、隧道出现水毁的概率相对较低,因此在建立公路水毁指标时主要考虑普通路段的边坡情况,而未专门增加桥梁、隧道专项指标。

4.1.3.2　水毁指标权重

按照云模型-层次分析法赋权方法,获取公路水毁指标的权重,如表 4.7 所示。

公路水毁指标权重　　　　　　　　　表4.7

项目	水毁指标										
	U_{11}	U_{12}	U_{13}	U_{21}	U_{22}	U_{23}	U_{24}	U_{31}	U_{32}	U_{41}	U_{42}
权重	0.0351	0.0193	0.0638	0.0296	0.0419	0.0802	0.0154	0.0906	0.3625	0.1744	0.0872

4.1.3.3 水毁指标分级

为了进行公路水毁快速预估,根据水毁调查分析,将各指标进行分级或分类,分别与公路水毁的轻、中、重、损毁这四个等级相对应。将 $U_{11}\sim U_{52}$ 这 11 个指标的分级标准汇总,如表 4.8 所示。

公路水毁指标分级　　　　　　　　　表4.8

指标等级	水毁指标										
	U_{11}	U_{12}	U_{13}	U_{21}(m)	U_{22}(°)	U_{23}	U_{24}	U_{31}(mm)	U_{32}(mm)	U_{41}(度)	U_{42}(km)
损毁	三级以下	土质支挡	低级	30~40	45~65	无防护结构	无植被	≥16	>500	≥11	<1
重	三级	土质路基	中级	20~30	40~45	实体护面墙	少量植被	8.1~16	100~200	9~10	1~5
中	二级	岩质边坡	次高级	10~20	35~4	挂网喷浆	植被较多	2.6~8	500~100	7~8	5~10
轻	二级以上	上土下岩	高级	0~10	0~35	其他防护结构	植被茂密	≤2.5	<50	≤6	>10

4.2 基于公路破坏指标的快速诊断技术

4.2.1 诊断参数获取

利用公路震害指标和水毁指标进行自然灾害下的公路破坏快速诊断,是一种经验性的诊断。诊断所需的参数主要包括公路震害指标和水毁指标。这些参数的获取需满足快速、准确的原则。以下为诊断参数的获取方式。

4.2.1.1　降雨指标——气象局

公路水毁降雨指标主要包括 24h 降雨强度和小时降雨强度,相关研究对降雨指标的临界值进行了研究,提出了临界降雨量。

降雨指标主要来源于气象局数据,重大自然灾害下,灾害防治部门、公路养护部门、应急抢险部门实施多部门联动时,可以通过建立信息共享平台实现降雨数据的共享。

4.2.1.2　地震烈度——速报技术

针对地震灾害的突发性和破坏严重性,目前国内外开展了许多针对地震烈度速报的研究,其中比较典型的有以下几种方法:经验格林函数方法、随机有限断层震源模型方法和美国震动图法。

(1) 经验格林函数方法

经验格林函数方法主要思路是将研究区域内与主震震源机制相似的信噪比较高的小震记录作为子源响应,从而建立起合成地震动的经验格林函数。该方法的优点是在地震动的模拟过程中不需要再计算地震波的传播路径效应和场地响应,因为小震记录中已包含了这些信息;但不足之处是无法在地震记录稀疏或缺乏余震记录的地区使用。

(2) 随机有限断层震源模型方法

该方法解决了经验格林函数方法中对余震记录要求较高这一问题。对于远源和小震,采用随机点源模型来模拟;对于近源或强震,将主震的破裂过程视为破裂面上一系列子源破裂的结果,并用随机方法生成满足震源模型要求的子源,最后通过叠加各子源的地震动合成具有主震破裂特征的地震动。但该方法基于静力学拐角频率,合成地震动会随着子断层的尺寸变化发生显著变化。随后 Motazedian 和 Atkinson 引入了动力学拐角频率将其进一步改进,从而弥补了原方法中的缺陷。

采用基于动力学拐角频率的合成地震动来划分烈度的方法,能够较为合理地反映出震源区的真实烈度分布。相比于地震烈度速报台网,通过合成地震动来实现震源区的烈度划分可能需要花费更长时间,但仍可在震后获取到可靠的震源破裂参数后在数小时内完成,并可根据震源破裂参数不断地对结果进行修正,这比通过震后的震害考察评估来获得烈度分布速度快。

(3)美国震动图法

"震动图"是美国地质调查局减轻地震灾害计划与区域地震台网合作的产品。"震动图"网站提供显著地震后的地运动及震动强度的近实时分布图。震动图能由观测的地动加速度和速度自动产生。在地震发生后5min内便可计算出这些由仪器给出的地震烈度并绘制成图,因此可称作"实时"烈度分布图。在震动图上表示的烈度尽可能地对应于修正的麦卡利烈度表给出的观测烈度。这些震动图由(美国)联邦、州和地方的公共或私人机构用于震后响应和恢复、公共和科学信息提供以及备震演习和防灾计划。

美国地质调查局的"震动图"网站可通过RSS(really simple syndication)服务向用户及时提供"震动图"。RSS是向订户发送信息内容的一种新的手段。在订阅RSS馈送之后,当有新的信息内容时,订户便会得到通知,无须事先查看网页。对于每次地震,美国地质调查局的地震RSS馈送内容包括地震的震级、位置、日期/时间以及美国地质调查局完整地震报告的链接。

4.2.1.3 公路基础属性——基础数据库

公路基础属性参数是公路震害指标和水毁指标中所涉及的公路基本属性信息,归纳起来如表4.9所示。

公路基础属性 表4.9

项目	路基	桥梁	隧道
基础属性信息	与断裂带的距离	与断裂带的距离	与断裂带的距离
	道路技术等级	桥梁抗震设防烈度	隧道抗震设防烈度
	路基材料、填挖形式	桥梁类型	围岩等级
	挡墙材料、高度	桥梁规模	衬砌类型
	边坡防护形式	曲线半径	洞门防护形式
	边坡高度、坡度	主梁交角	山体岩石植被状况
	路面材料		

以上公路基础属性信息主要来源于道路设计及养护资料,可通过提前建立公路基础属性数据库完善所需资料。其中,公路基础设施与断裂带的距离,

也可通过研究区域地震断裂带走向及路网分布确定。

4.2.2 公路破坏诊断标准

在公路破坏指标权重及分级的基础上,可进行公路破坏风险值的计算,该值即可作为公路诊断的依据。本小节对风险值计算结果进行划分,提出公路破坏诊断的标准,如表4.10所示。

公路破坏风险等级　　　　　　　　　　　　　　　　　表4.10

公路交通生命线破坏等级	公路破坏风险值
一级——基本完好	0~20
二级——轻微破坏	20~40
三级——中等破坏	40~60
四级——严重破坏	60~80
五级——完全损毁	80~100

4.2.3 诊断流程

4.2.3.1 构建公路基础数据库

根据评估区域地震带及路网分布、公路设计图纸、实地调研,提前构建包含公路破坏指标中所涉及的公路基础属性信息。

4.2.3.2 公路震害评估单元划分

为了更准确地对公路震害进行预估,首先根据路网结构特点进行公路震害评估单元划分。根据前面章节公路不同结构物震害特点分析的结果,将路基、桥梁和隧道分开来进行评估。其中,桥梁、隧道分别为独立的评估单元;路基以技术等级和沿线地形的变化为依据进行进一步划分,若技术等级和沿线地形没有变化,则以5km为一段进行评估单元的划分。

(1)路基评估单元

对于公路技术等级发生变化的路段,以变化点作为路基评估单元划分的节点;对于公路技术等级未发生变化,但沿线地形条件发生较大变化的路段,以地形变化点为评估单元划分节点。除了以上两种节点划分外,以5km

长度作为一个节点进行进一步划分。该评估单元包括路基本体、边坡和支挡结构。

(2)桥梁评估单元

由于桥梁结构的特殊性,将桥梁全线及引桥部分作为一个独立的评估单元进行震害评估。桥梁评估单元主要包括主梁和桥墩两部分内容。

(3)隧道评估单元

以单座隧道作为一个独立单元进行震害评估。汶川地震表明,隧道是抗震性能相对较好的结构物。其评估内容包括隧道衬砌、洞口及洞口边坡。

国道G214起点为青海西宁,终点为云南景洪,全程3256km。公路连接海南、果洛、玉树3个藏族自治州,翻越日月山、河卡山、鄂拉山、姜路岭、巴颜喀拉山、雁口山等十多座大山,跨越黄河、长江、澜沧江天堑,沿线地形复杂。以其中跨越云南省澜沧江路段为例,进行地震预估单元划分,如表4.11所示。

G214澜沧江路段地震预估单元划分示例 表4.11

预估单元代码	预估单元类型	预估单元名称	预估单元代码	预估单元类型	预估单元名称
S1	隧道	凤凰山隧道	S2	隧道	昔宜隧道
Q1	桥梁	桥梁单元1	L6	路基	路基单元6
L1	路基	路基单元1	L7	路基	路基单元7
Q2	桥梁	桥梁单元2	S3	隧道	沈家村隧道
L2	路基	路基单元2	L8	路基	路基单元8
L3	路基	路基单元3	L9	路基	路基单元9
L4	路基	路基单元4	S4	隧道	风水垭口隧道
L5	路基	路基单元5	S5	隧道	马鞍山隧道
Q3	桥梁	澜沧江大桥	L10	路基	路基单元10

4.2.3.3 获取基本灾情信息

对于震害预估,通过地震局/地震速报技术获取地震烈度值及烈度区域分布;对于水毁预估,通过气象局和地质灾害监测部门获取相关降雨信息及泥石流、滑坡信息。

4.2.3.4 公路破坏预测

利用公路基础属性信息和灾情信息,根据公路破坏指标的分级,确定出每个指标所属赋值后,根据指标权重预估出公路破坏程度。

4.2.3.5　预估结果的持续修正

根据实时获取到的相关灾情和公路破坏信息,对公路预估结果进行修正,以提高预估结果的精度。

4.3　本章小结

本章根据灾后公路破坏状况信息获取程度的不同,分别研究了公路破坏诊断方法。针对可获取到公路破坏信息的情况,提出了基于多源信息融合技术的公路破坏快速诊断技术;针对灾后公路破坏信息匮乏的情况,提出了基于公路破坏指标的灾后公路破坏经验预估方法。

第5章 公路交通生命线通路分析技术

灾害发生后,为了快速地开展救援工作,需要有大量的灾民转移、物资运送等运输任务,无一不涉及灾区及周边受影响区域的路径选择。而灾后由于道路破坏,路网部分路段的连通可靠性降低,加之灾区受困车辆的快速疏散需求,会产生道路通行受阻与部分路段交通流激增的矛盾。这种矛盾若不解决,则会导致大量救援车辆拥堵在无法通行的路段中,严重降低救援效率。基于此,本章将在灾后应急交通的需求及特点分析的基础上,建立动态分析技术及最优应急救援通道选择技术。

5.1 最优救援通道的定义

一般意义上的最优路径,是指用最少的时间和成本到达目的地的路径。而对于重大自然灾害下的公路交通生命线的最优路径,则是指在可通行路径中,能保障通行安全的前提下到达目的地的最短路径。

因此,评价道路是否是公路交通生命线最优路径的原则主要是连通可靠性、时间和安全性。

①连通可靠性:灾后通往灾区的公路交通生命线会出现不同程度的破坏,连通可靠性也不同,因此是否能通行、哪些车辆可以通行是首先需要确定和考虑的。

②时间:对于抢救生命而言,时间是最宝贵的,尤其是严重地震发生后的72h黄金救援时间等,都是需要考虑的。

③安全:道路是否会受到次生灾害的影响,从而给救援工作带来新的危险,也是需要考虑的因素,该因素在动态分析技术小节中将有所介绍。

不同于一般城市交通拥堵下的路径选择,对救灾而言,通行成本是不需要专门列入考虑范围的,因为对生命救援的重要性要远高于对通行成本的考虑。

5.2 网络通路影响因素分析

根据灾后应急交通需求及特点分析可知,灾后公路交通生命线网络的不同路段的连通可靠性不是一成不变的,而是会随着灾区、救援的发展随时发生变化,因此需要对影响路网通路连通可靠性的因素进行分析与确定。

1. 次生灾害

次生灾害,也称二次灾害,区别于最早发生并起主导作用的原生灾害,是指由于条件变化伴生诱发出的一系列新的灾害和衍生灾害,有时次生灾害的危害和实际损失往往会超过原生灾害。尤其是地震灾害的次生灾害特别严重、频率较高,对于公路交通生命线而言,道路沿线边坡地质灾害有崩塌、滑坡、泥石流,以及路基、路面地质灾害有路面裂缝、塌陷、滑塌以及堰塞湖等。强烈频繁的余震、坡面流水和沟谷洪流、暴雨、洪水、持续的高温等,均是地震次生灾害的诱发与触发因素。

对于灾后以应急救援通行为目的的通路分析,余震、暴雨、洪水、高温是需要重点考虑的因素,一旦这些因素发生变化并达到一定程度,则有可能诱发次生灾害,导致道路连通可靠性缓慢或急剧降低。

经过研究,采用余震级数、降雨强度、温度等因素作为因子进行次生灾害的粗略估计,对受影响范围的路段进行连通可靠性修正,从而修正最优救援通道的目标函数。

2. 路段快速抢通措施

灾后的快速保通是公路养护部门的重要职责,因此公路养护部门都设置有一些灾后紧急修复的机械设备,需要时也会调用社会力量进行公路的快速抢通。对于一些塌方量不大、损毁程度较小的道路破坏,可以通过机械设备的快速抢通,在较短的几小时内实现快速复通。因此,路段快速抢通措施是影响路网连通性的影响因素之一。

3. 应急交通管制

根据灾后应急交通分析,灾后有快速疏散周边交通、灾民转移、物资运送等运输需求,因此会采取限行、封闭部分车道、限制通行车辆等交通管制措施。这些应急交通管制因素会造成短时间内部分路段的交通减少或激增,对救援路径的选择也会产生影响。因此,当应急交通管制措施对交通流的影响辐射到需要选择的救援路径时,应该对其进行考虑。

5.3 最优应急救援通道的评价指标

为了对救援通道进行分析与评价,需要建立最优应急救援通道的评价指标,本书根据时效性原则与安全性原则建立评价指标。

根据最优应急救援通道评价原则,构建最优应急救援通道评价指标。

5.3.1 行驶时间

为了给抢救伤员赢得时间,救援通道最首要的评价指标就是时间,行驶时间由路段应急交通流量与可能通行能力计算获得,即:

$$T_i = f(q_i, c_i) \tag{5.1}$$

式中:T_i——路段 i 行驶时间;

q_i——路段 i 的应急交通流量;

c_i——路段 i 的可能通行能力。

5.3.2 行车风险

考虑到次生灾害发生及道路通行状况恶化的可能性,在救援路径选择时需要考虑通行安全性。由于次生灾害的发生具有一定范围的覆盖性及难以预测性,因此在评价指标中暂不考虑次生灾害的预测。但是,鉴于次生灾害发生后,不同公路状况可能出现的破坏不同,因此利用公路本身抵抗灾害的能力来间接反映行车风险。利用本书第 4 章建立的公路破坏指标(震害指标和水毁指标),剔除掉灾情参数(地震烈度指标、降水强度指标)后,利用剩余指标构建公路抗灾能力指数,用以反映行车风险。

行车风险 R 用公路抵抗灾害能力表征,计算如下:

$$R_{ij} = \sum u_m \cdot w_m \tag{5.2}$$

式中：R_{ij}——路段 ij 行车风险；

u_m——路段 ij 第 m 个破坏指标的取值；

w_m——路段 ij 第 m 个破坏指标的权重。

5.4 最优应急救援通道的目标函数

本书从时间可靠性和救援安全性两个属性考虑，建立灾后应急救援通道的目标函数。基于效用函数最佳属性为1，最差为0。下面对各属性函数进行标准0-1变化，以保证属性函数能够实现最差属性值为0。

5.4.1 时效性

设救援车辆从起点出发到达救援地点的备选路径的集合 $Q = \{a, b, \cdots, t\}$，第 r 条路径的行程时间为 T_r，$f(T_r)$ 为第 r 条备选路径的行程时间无量纲指标，则有：

$$f(T_r) = \frac{T_r - T_{\min}}{T_{\max} - T_{\min}}, r \in Q \tag{5.3}$$

由于 $T_{\min} \leq T_r \leq T_{\max}$，所以 $f(T_r) \in [0,1]$。同时 T_r 越小，$f(T_r)$ 也越小，说明行程时间越短的路径其无量纲指标 $f(T_r)$ 越小。

5.4.2 安全性

设第 r 条路径的行车风险为 R_r，则通行安全性变换如下：

$$f(R_r) = \frac{R_{\max} - R_{ij}}{R_{\max} - R_{\min}} \tag{5.4}$$

由于 $R_{\min} \leq R_{ij} \leq R_{\max}$，所以 $f(R_r) \in [0,1]$。同时 R_r 越小，$f(R_r)$ 也越小，说明行车风险越小其无量纲指标 $f(R_r)$ 越小。

5.4.3 目标函数

假设应急救援决策者给出的行程时间、通行安全性的权重向量 $\boldsymbol{\lambda} = (\lambda_1, \lambda_2)^T$，其中 $\lambda_1 \in [0,1]$ 为行程时间决策权重，$\lambda_2 \in [0,1]$ 为安全属性决策权

重,且有 $\lambda_1 + \lambda_2 = 1$。则应急救援路径选择问题的决策效用函数数学模型为:

$$Z_r = \lambda_1 f(T) + \lambda_2 f(R) = \lambda_1 \frac{T_r - T_{\min}}{T_{\max} - T_{\min}} + \lambda_2 f(R), r \in Q \qquad (5.5)$$

构建路网正常运营状态下应急救援通道的目标函数,其形式如下:

$$\min Z = \lambda_1 f(T) + \lambda_2 R \qquad (5.6)$$

式中:Z——应急救援车辆行程时间和行车风险函数;

$f(T)$——应急救援车辆行程时间的效用函数;

R——应急救援车辆行车风险;

λ_1、λ_2——应急救援路径选择决策时对行程时间和行车风险的权值,该权值根据灾情实际情况研究确定,建议值 $\lambda_1 = 0.7, \lambda_2 = 0.3$。

5.5 路网正常运营状态下最优救援通道搜索模型

路网正常运营是指灾后的公路破坏虽然对车辆通行造成了一些影响,但是并未造成路段行车完全中断,尽管通行能力和服务水平有所降低,但是路网依旧保证其基本正常通行功能。对于这种情况,应急救援通道的搜索和选择主要考虑目前路网运行能力、灾区应急交通需求及任务、应急救援工程车辆属性、灾害及气象条件变化等因素。尽管在重大自然灾害发生后,路网正常运营状态并非长期、绝对的,而是随着灾情演变、次生灾害的发生、应急交通量的突增等情况出现变化,但是为了在当前状态下搜索到最优救援通道,因此只将这些影响作为行车风险因素进行考虑。因此,救援通道的选择需要综合考虑通行时效性、安全性和可靠性,这是一种涉及多目标的问题求解。

根据本章对通行时效性的研究,应急救援的最终目的是保证救援及疏散时效性的最大化,因此,行程时间最短被作为模型优化的一个目标,其函数表达式如下:

$$\min f(T) = \sum_{i=1}^{n} \sum_{j=1}^{n} t_{ij} x_{ij} \qquad (5.7)$$

s.t.

$$\int_{l_i}^{l_j} S_{ij}(t) \mathrm{d}t = l_{ij}$$

$$t_{ij} = t_j - t_i$$

$$t_1 = 0$$

$$\sum_{\substack{j=1 \\ j \neq 1}}^{n} x_{ij} - x_{ij} = \begin{cases} 1, i = 1 \\ -1, i = n \\ 0, 其他 \end{cases}$$

$$\sum_{\substack{j=1 \\ j \neq 1}}^{n} x_{ij} \begin{cases} \leq 1, i \neq n \\ = 0, i = n \end{cases}$$

$$x_{ij} = 0,1; i = 1,2,\cdots,n; j = 1,2,\cdots,n$$

式中：x_{ij}——决策变量，当路段 ij 在选定的疏散路径上时 $x_{ij}=1$，反之 $x_{ij}=0$；

t_{ij}——应急车辆通过路段 ij 的行程时间。

次生灾害等因素影响应急救援车辆的通行安全性，采用前面研究成果中的路段抗灾能力间接反映其通行安全性，得出如下计算公式：

$$R_r = \sum_{ij} R_{ij} \tag{5.8}$$

式中：R_r——救援通道 r 的通行安全性；

R_{ij}——救援通道 r 路段 ij 的通行安全性。

在对行程时效性与安全性等因素量化基础上，构建了以时效性最高、安全性最高为优化目标的多目标救援通道搜索模型：

$$G = \begin{cases} \max: (T_0^r - \mu_r) x_r \\ \max: r_r x_r \end{cases} \tag{5.9}$$

s.t.

$$P_r \geq p_{\min}$$
$$SI_r \geq SI_{\min}$$
$$x_r \in \{0,1\}$$
$$r \in R^l$$

式中：$SI_{\min}$——最小通行安全度。

对于路网正常运营状态下，$SI_{\min}$ 参考取值为 0.6，$p_{\min}$ 参考取值为 0.75。

5.6 路网破坏状态下最优救援通道修复算法

路网破坏状态是指灾后公路破坏已造成部分路段行车完全中断，车辆无法正常通行的情况。灾害造成公路完全损毁无法通行时，如果按照最优应急救援通道目标函数和搜索算法，可能无法找到适合的救援路线，此时需要选择航空、铁路或水运方式进行综合交通驳接。若缺少有效驳接或由于其他原因交通驳接难以实现时，则需要根据损毁路段的位置、破坏类型进行分析和判断，并选择出耗时最短可以快速修复的路段而实施抢修。本节研究对象即分析路网中存在完全中断路段而无法直达灾区实施救援时，如何选择损毁路段进行快速抢修，以实现公路网的快速修复。

公路网最优修复算法需要考虑以下 3 个方面的原因。

5.6.1 损毁路段在路网中的位置

受灾公路由于损毁导致交通处可能存在数处中断，然而其对路网的影响是不同的，在选择修复路线时首先考虑选择关键路段，即选择那些可通行性对整个路网具有显著影响的路段。

5.6.2 公路破坏类型及快速抢通措施耗时

不同的损毁类型及规模，所需要的抢修机械设备、抢修难度、抢修时间不尽相同，因此需要考虑不同规模损毁所需要的抢通耗时。根据 2013 年云南省各地州上报的 48 起公路养护水毁、地质灾害阻断抢修情况，对其中损毁原因、阻断交通情况、塌方量、抢修措施及所需机械设备以及耗时进行了统计。通过分析可知，抢通耗时主要与破坏种类、塌方量、机械设备及人员配备有关。根据整理可知，机械设备主要有挖掘机、装载机、运输车辆和空压机，不同机械设备数量视工作量、储备情况、抢修紧急程度(是否存在其他绕行线路)而定。人员配备主要用于配合机械设备运作，并用于补充机械设备数量不足时共同清除塌方。

5.6.3 快速抢通设备及技术力量

结合中断路段的位置，需要分析短期内可达的快速抢通设备及技术力量的储备，从而计算出需要多长准备时间才可开始实施抢通工作。尽管各地公路养护部门都会采取集中设点及沿线布点的方式配备一定的抢通设备，但是在抢通设备种类、数量及人员配备上都会存在一定的差异。损毁路段可调用的公路抢通设备及技术力量,可通过设备种类及数量、人员配备、运抵抢险现场耗时进行量化。

以云南省为例,对于灾害频发地区,公路养护部门会设立几个集中的资源储备点,存放有常用的工程机械设备,同时也会在公路沿线合适位置堆放一些抢险用的砂石材料。但是由于资金有限,这些机械设备和人员往往难以满足灾后应急抢通工作的需求,因此,地方公路养护部门会选择与一些公路施工企业、大型机械设备的制造企业建立良好的协作机制。灾害发生后,除了对自有机械设备进行调用外,也依靠其他社会力量的机械设备共同开展抢通,产生的费用在救援工作结束后再进行结算。

其中,破坏类型及修复效率可结合各地历史资料数据统计分析后进行预估,选择抢通耗时短的路段。基于此建立修复路段耗时的计算公式,具体如下:

$$f(T_i) = \frac{W_i}{E}, i \in Q \tag{5.10}$$

式中:$f(T_i)$——路段 i 抢通耗时函数;

W_i——路段 i 的抢通工程量;

E——抢通效率。

当损毁路段明确可调用抢通机械设备及人力时,在尽可能满足抢险修复工程需求的基础上,优先选择机械设备和人员运抵抢通修复现场耗时较短的路段。基于此建立损毁路段可调用机械设备及人力的量化公式,具体如下:

$$f(M_i) = \frac{w_1 \dfrac{m_i}{M_i} + w_2 \dfrac{l_i}{L_i}}{t_i}, i \in Q \tag{5.11}$$

式中:$f(M_i)$——路段 i 可调用机械设备及人力函数;

m_i——路段 i 可调用机械设备数量;

M_i——路段 i 修复所需机械设备数量;

l_i——路段 i 可调用人员配备;

L_i——路段 i 修复所需人员配备;

t_i——机械设备运抵抢险现场耗时,根据机械设备距离及安全运行车速确定。

根据救灾中机械设备及人员的重要性,建议 w_1 取 0.7,w_2 取 0.3。

根据以上研究,建立优先抢修路段选择的决策效用函数数学模型,具体如下:

$$Z_i = \frac{f(T_i)}{f(M_i)} = \frac{\dfrac{W_i}{E}}{\dfrac{w_1 \dfrac{m_i}{M_i} + w_2 \dfrac{l_i}{L_i}}{t_i}} = \frac{\dfrac{W_i}{E} \cdot t_i}{w_1 \dfrac{m_i}{M_i} + w_2 \dfrac{l_i}{L_i}} \quad (5.12)$$

构建路网破坏状态下应急救援通道修复的目标函数,具体如下:

$$\min Z = \frac{f(T_i)}{f(M_i)} \quad (5.13)$$

式中:Z——应急救援通道修复效用函数;

$f(T_i)$——路段 i 抢通修复耗时函数;

$f(M_i)$——路段 i 可调用机械设备及人力效用函数。

5.7 本章小结

本章提出了最优应急救援通道的定义,从时效性和安全性提出了最优应急救援通道的评价指标和目标函数,针对灾后路网正常运营状态下提出了行程时间最短、通行安全性最优救援通道搜索算法。针对公路损毁造成部分路段交通中断的路网破坏状态,根据破坏位置、抢通耗时和机械设备等救援力量状况,提出了最优救援通道修复算法,用于指导灾后公路应急抢通的决策工作。

第6章 灾后救援队伍应急通行交通组织管理目标及决策依据

6.1 应急通行交通组织管理目标

灾变事件下，公路网的应急通行交通组织管理有三个基本目标，即安全、畅通及效率。在灾后应急通行救援中，不同的灾害类型、严重程度、灾区需求所对应的应急通行等级不同。在不同的应急通行等级下，这三个目标在重要性方面排列不同。当应急通行等级为一级时，效率第一，安全次之，通畅第三；当应急通行等级为二级及二级以下时，安全第一，效率次之，通畅第三。下面分别对这三个目标进行简要分析。

6.1.1 时效性管理目标

时效目标是指在灾变事件下以最小的时间使应急救援车辆到达灾区，或者使尽可能多的车辆以最小行驶时间到达灾区。在一级应急等级下，高效性管理目标是最重要的管理目标，应急指挥中心会采取一切可以实现的管理措施，以确保应急通行的效率，使应急救援车辆能够在最短时间内到达灾区。显然，效率目标涉及行程时间和应急通行引导问题。

6.1.2 安全性管理目标

对于道路交通，绝对的安全是没有的，只有相对的安全。因此，在灾变事件下，应急通行的安全目标是指确保路网在一定的运行风险水平下或者说在可接受的风险水平下，能够实现快速通行。这个可接受风险水平，可用系统可靠度来衡量。灾变事件下路网的安全水平可划分为五个等级，即安全、较安全、一般、较危险和危险。

6.1.3 畅通性管理目标

畅通目标是指在灾变事件下确保路网交通流不发生堵塞,能够以一定的机动性行驶。此目标中,一定的机动性是指在可接受风险水平下以允许的车速行驶,并能到达预定的目的地。显然,畅通目标涉及饱和度、车速和连通性问题。

上述三个目标明确了重大自然灾害条件下公路网应急交通组织管理的基本要求,是采取各种措施进行交通组织管理的总依据。然而,由于这三个目标过于宏观和抽象,尚不适用于直接作为具体交通组织管理决策的依据,因此,下面对它们进行具体分解。

6.2 应急通行交通组织管理决策依据

6.2.1 重大自然灾害的类型及等级

经验表明,地震、泥石流、滑坡、水灾等不同的重大自然灾害对交通安全的影响机理有所不同。地震、泥石流、滑坡、洪水等自然灾害的应急通行等级划分标准如表6.1、表6.2所示。

6.2.2 应急救援队伍的工作内容及特点

不同的灾害类型和灾害等级所涉及的应急救援队伍类型和等级不同。地震灾害下的应急救援涉及的救援队伍最广,是一项综合性的应急救援行动。本小节就地震灾害下的应急救援队伍的工作内容、组织结构和特点展开讨论。

6.2.2.1 应急救援队伍组成

应急救援队伍是由搜索、救援、工程、技术支持四个分队组成的,如图6.1所示。搜索分队包含了搜救犬组、技术搜救组等,救援分队包含运输组、爆破组、医疗组等,工程分队包含道路组、桥梁组、隧道组等,技术支持分队包含了结构专家、有害物质专家、重型设备组、通信组、后勤保障组等。

表6.1 地震灾害应急通行等级划分

地震响应等级	地震等级	启动条件	应急通行需求	灾后救援时间	灾后救援队伍	应急通行等级
Ⅰ级 特别重大地震灾害	人口较密集地区发生7.0级以上地震,人口密集地区发生6.0级以上地震	a. 死亡200人以上或；b. 紧急转移安置或需紧急生活救助100万人以上；c. 倒塌和严重损坏房屋20万间以上	打通道路交通生命线,保证医疗、救灾队伍能够徒步到达灾区	0~24h	道路抢修队伍、医疗救护及卫生防疫队伍、震害损失评估组、应急通信组	一级
			保证医疗、救灾车辆能够通行到达灾区	24~48h	救灾抢险队伍、医疗救护及卫生防疫队伍、灾情评估队伍	
			保证物资运输车辆能够到达灾区	48~72h	救灾抢险队伍、医疗救护及卫生防疫队伍、物资运输队伍	
			保证多条道路交通生命线连通	3~7d	救灾抢险队伍、医疗救护及卫生防疫队伍、物资运输队伍	二级
Ⅱ级 重大地震灾害	人口较密集地区发生6.0级以上、7.0级以下地震,人口密集地区发生5.0级以上、6.0级以下地震	a. 死亡100人以上,200人以下；b. 紧急转移安置或需紧急生活救助80万人以上,100万人以下；c. 倒塌和严重损坏房屋15万间以上,20万间以下	保证医疗、救援、物资运输车辆能够通行到达灾区	0~24h	道路抢修队伍、医疗救护及卫生防疫队伍、抢险队伍	一级
				24~48h		
			保证多条道路交通生命线连通	48~72h	道路抢修队伍、医疗救护及卫生防疫队伍、救灾抢险队伍、物资运输队伍	二级
				3~7d		三级

第6章 灾后救援队伍应急通行交通组织管理目标及决策依据

续上表

地震响应等级	地震等级	启动条件	应急通行需求	灾后救援时间	灾后救援队伍	应急通行等级
Ⅲ级 较大地震灾害	人口较密集地区发生5.0级以上、6.0级以下地震,人口密集地区发生4.0级以上、5.0级以下地震	a. 死亡50人以上、100人以下;b. 紧急转移安置或需紧急生活救助30万人以上、80万人以下;c. 倒塌和严重损坏房屋10万间以上、15万间以下	保证多条道路交通生命线连通	0~24h	救灾抢险队伍,卫生防疫队伍,物资运输队伍	二级
				24~48h	救灾抢险队伍,卫生防疫队伍,物资运输队伍	三级
			能够基本恢复灾前道路交通状况	48~72h	救灾抢险队伍,卫生防疫队伍,物资运输队伍	三级
				3~7d	救灾抢险队伍,卫生防疫队伍,物资运输队伍	三级
Ⅳ级 一般地震灾害	人口较密集地区发生4.0级以上、5.0级以下地震	a. 死亡30人以上、50人以下;b. 紧急转移安置或需紧急生活救助10万人以上、30万人以下;c. 倒塌房屋和严重损坏房屋1万间以上、10万间以下	保证多条道路交通生命线连通	0~24h	救灾抢险队伍,卫生防疫队伍,物资运输队伍	三级
				24~48h	救灾抢险队伍,卫生防疫队伍,物资运输队伍	三级
			能够基本恢复灾前道路交通状况	48~72h	救灾抢险队伍,卫生防疫队伍,物资运输队伍	三级
				3~7d	救灾抢险队伍,卫生防疫队伍,物资运输队伍	四级

表6.2 泥石流、滑坡、洪水等自然灾害应急通行等级划分

灾害响应等级	启动条件	应急通行需求	灾后救援时间	灾后救援队伍	应急通行等级
Ⅰ级 特别重大自然灾害	a. 死亡200人以上；b. 紧急转移安置或需紧急生活救助100万人以上；c. 倒塌和严重损坏房屋20万间以上	打通道路交通生命线保障医疗、救灾队伍能够徒步到达灾区	0～24h	道路抢修队伍，医疗救护及卫生防疫队伍，震害损失评估组，应急通信组	一级
		保证医疗、救援车辆能够通行到达灾区	24～48h	救灾抢险队伍，医疗救护及卫生防疫队伍，灾情评估组	
		保证物资运输车辆能够到达灾区	48～72h	救灾抢险队伍，医疗救护及卫生防疫队伍，物资运输队伍	
		保证多条道路交通生命线连通	3～7d	救灾抢险队伍，医疗救护及卫生防疫队伍，救灾抢险队伍	二级
Ⅱ级 重大自然灾害	a. 死亡100人以上，200人以下；b. 紧急转移安置或需紧急生活救助80万人以上，100万人以下；c. 倒塌和严重损坏房屋15万间以上，20万间以下	保证医疗、救援、物资运输车辆能通行到达灾区	0～24h	道路抢修队伍，医疗救护及卫生防疫队伍，救灾抢险队伍	一级
			24～48h		
		保证多条道路交通生命线连通	48～72h	道路抢修队伍，医疗救护及卫生防疫队伍，救灾抢险队伍，物资运输队伍	二级
			3～7d		三级

第6章 灾后救援队伍应急通行交通组织管理目标及决策依据

续上表

灾害响应等级	启动条件	应急通行需求	灾后救援时间	灾后救援队伍	应急通行等级
Ⅲ级较大自然灾害	a. 死亡50人以上,100人以下; b. 紧急转移安置或需紧急生活救助30万人以上,80万人以下; c. 倒塌和严重损坏房屋10万间以上,15万间以下	保证多条道路交通生命线连通	0～24h	救灾抢险队伍、卫生防疫队伍、物资运输队伍	二级
			24～48h		三级
		能够基本恢复灾前道路交通状况	48～72h	救灾抢险队伍、卫生防疫队伍、物资运输队伍	三级
			3～7d		三级
Ⅳ级一般自然灾害	a. 死亡30人以上,50人以下; b. 紧急救助10万人以上,30万人以下; c. 倒塌房屋和严重损坏房屋1万间以上,10万间以下	保证多条道路交通生命线连通	0～24h	救灾抢险队伍、卫生防疫队伍、物资运输队伍	三级
			24～48h		三级
		能够基本恢复灾前道路交通状况	48～72h	救灾抢险队伍、卫生防疫队伍、物资运输队伍	三级
			3～7d		四级

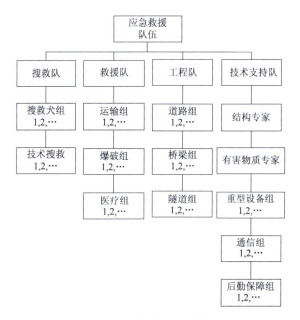

图6.1 应急救援队伍结构

6.2.2.2 应急救援队伍的工作内容及特点

1. 搜救队

为了最大限度地减少人民生命财产损失,提高救援效率,破坏性地震发生后最紧迫的任务之一是快速、有效地搜索并救援被压埋人员。

2. 救援队

(1)运输组

在应急救援过程中,运输组是应急救援的重要保障队伍,主要负责应急救援人员、物资和装备等的运送。灾后运输组必须以最快时间找到合适的应急救援路线,将救灾队伍、物资和装备安全、快速地运往灾区,保障灾区需求。

(2)爆破组

爆破组配合工程抢险队进行爆破工作。爆破技术在重大自然灾害中主要用于:抢修工程的土石方作业、克服障碍物、消除堰塞湖、平整河底、加深河床、清除水中障碍物和爆破冰层、流冰、冰坝等。

(3)医疗组

重大自然灾害发生后,医疗组是挽救人员生命的重要组织力量。医疗组在灾后必须第一时间到达灾区。

3. 工程队

(1)道路组

道路损毁形式分为路基损毁、路面损毁、支撑结构损毁,如表6.3所示。震后灾区公路抢修应以抢通作为优先,以利于抢险设施和人员、物资的运输。道路组要第一时间到达灾区,对道路进行抢修和打通。

道路抢修范围　　　　　表6.3

项目	路基	路面	支撑结构
抢修范围	路基边坡塌滑	路面断裂	挡墙坍塌
	路基塌陷	路面破碎	挡墙开裂
	路基挤压隆起	路面空洞	挂网/防护网破裂
	路基纵横向裂缝	不均匀沉降	
	路基错动断裂		
	路基空洞		

(2)桥梁组

桥梁是道路交通的重要节点,灾后桥梁组要第一时间对桥梁进行抢通和抢修,这是应急救援通行的重要保证。

(3)隧道组

隧道组的主要任务是快速检测和抢修损毁较轻的隧道,能够使救援车辆在最短时间内安全通行。

4. 技术支持队

(1)结构专家

结构专家的工作内容包括:对任务区域进行侦查及快速评价;对倒塌建筑物结构稳定性进行评价;对建筑物二次倒塌危险性进行分析,确定建筑物的进入点,评价建筑物损坏程度;对建筑物支撑和固定方法进行设计;对倒塌建筑物对周边建筑物(区域)的影响进行评价,监测建筑物的运动,记录结构数据。

(2)有害物质专家

有害物会对人体造成伤害,也会给环境造成不同程度的破坏。有害物包括化学有害物、物理有害物、生物有害物等。有害物质专家要及时采取有效措施对灾区所产生的有害物质进行控制和处理。

(3)重型设备组

重型设备主要用于重大事件的救援和道路、桥梁、隧道等交通基础设施的抢修。

(4)通信组

建立通信系统的规则是确保现场的实际情况与监控人员所得到的信息一致,现场信息应通过现场指挥人员进行传递。通信设备包括收音机、无线电话、卫星电话、便携式计算机以及其他电子设备。

(5)后勤保障组

救援装备保障包括搜索、救援以及其他装备方面的保障。救援行动开始前,装备技师应检查装备、动力,保证其达到良好状态,必须保证一定数量的救援队运输、储备所需的车辆、飞行器,给重症幸存者提供医疗转运,保证足够的医用氧气、燃油等,根据灾害地区发生的灾情准备相应的破障工具。

6.3 本章小结

本章介绍了灾后救援队伍应急通行交通组织管理目标及决策依据,应急交通组织管理目标包括应急通行的时效性管理目标、安全性管理目标、畅通性管理目标,应急交通组织管理决策依据包括重大自然灾害的类型及等级、应急救援队伍的工作内容及特点。

第 7 章 灾后救援队伍应急通行管理技术

根据处理突发应急事件的要求,应急通行包括应急交通疏散和应急交通救援。前者主要针对受灾群众,要将受灾人群疏散到安全区域;后者主要针对救灾物资、人员的运输,要将其安全、快速输送到指定地点。

7.1 灾后公路应急通行快速抢修技术

发生地震后,公路不可避免地受到一定损伤,其中桥梁的中断、隧道的坍塌或路基滑塌等会直接导致道路中断,而对于受到一定损伤而尚未中断的桥梁、隧道或道路,通过一定的交通管制和工程补救措施能够满足应急通行的需求。

7.1.1 道路破坏处置方案及抢修技术

1. 路基、路面应急抢修措施

(1) 路基沉陷

对路基沉陷的抢修方案主要有机械回填、注浆加固等,具体的抢修方法有土壤填塞法、束材填塞法、圆木(枕木)填塞法等。

(2) 路基坍塌

其抢修措施有小直径钢管桩加固、土木格栅加固、挡土墙加固等。

2. 边坡损毁应急抢修措施

(1) 清方

对路基上方范围内的崩滑堆积土体及松动基岩岩体可进行清方。清方时,若上部滚落的大量碎石土、石块堆积在原公路上不能保证行车和施工安全,可考虑在其外围用安全网加以围护,防止滚落的石块飞溅击伤过往行人及车辆。

（2）支挡防护

支挡防护是边坡处治的基本措施,对于不稳定的边坡岩土体,采取支挡及加固措施对其进行处治是一种较为可靠的手段。

7.1.2 桥梁损毁处置方案与抢修技术

1. 梁桥的破坏抢修措施

桥面受到损坏时,可以在横隔梁上设置纵桥板;隔板间距过大时,可在两根主梁上铺设横桥板,在横桥板上铺设纵桥板,纵桥板两端构成斜坡。

当被破坏的主梁位于桥面中央,但其下部钢筋未断,梁无明显下垂时,可在下面设置辅助桥墩来支撑。在主梁破损位置下方设置浮墩。浮体可以采用普通民船,在对船体进行加强后,在其上设置装配式公路钢桥墩进行支护。

2. 拱桥的破坏抢修措施

（1）腹拱、立柱的抢修

当腹拱、立柱遭到局部破坏,且拱板损毁时,可用木制或金属框架支撑,再用木板或钢板覆盖桥面。覆盖方法同梁桥桥面的抢修。

（2）拱肋的抢修

当双曲拱桥每跨的拱肋多于4片,边缘拱肋被破坏,而其余拱肋仍能够承受荷载时,可以限制车辆在完好的拱肋范围内行驶。允许通过的荷载应比原桥设计荷载降低一级,并先做试验通行。当被破坏的拱肋未断裂,拱肋无明显下垂时,可立模板,扩大拱肋断面,采用快干膨胀水泥或环氧树脂混凝土修复拱肋。

（3）拱桥拱圈的抢修

拱圈对桥墩(台)有水平推力,一旦垮塌将影响相邻跨的稳定,抢修时可以在坍塌的桥跨内设置木制桥跨结构,并在其下面结构通过架设人字形斜撑进行抢修,同时还必须设置水平支撑,以帮助桥墩抵抗单向水平推力;也可以在破坏桥跨的邻跨内设置钢拉杆,平衡水平推力。

3. 斜拉桥和悬索桥的破坏抢修措施

（1）吊索重接抢修

当悬索桥吊索断裂,桥梁处于轻度或中度破坏状态时,其抢修措施为:制作一定长度、与原有吊索性能相当的钢索段,将钢索段和受损吊索的断裂处搭接一定长度,在搭接的部分采用多个钢索夹将吊索和钢索段夹紧,从而达到应急连接的目的。应急连接后,可以对连接好的吊索进行张紧,使其恢复一定功能。

(2)索塔主鞍座处的工程加固防护

对于索塔主鞍座,虽然其本身有主鞍罩的保护,但主鞍罩的抗力较弱,当灾害发生后可能造成主鞍座的破坏,因此,应该对主鞍座进行加固防护。其防护措施为:首先,沿主鞍罩的外表面(顶部、侧部)增设一定厚度的钢板,增设的钢板与钢板之间采用焊接连接。其中,在侧面增设的钢板厚度可以稍小于顶部增设钢板的厚度。其次,可以在增设被动防护措施的主鞍罩上采用主动防护的方式。

(3)斜拉索重接抢修

当斜拉索断裂,桥梁处于轻度或中度破坏状态(即可以抢修)时,可以分下列两种情况进行抢修。

①斜拉索破坏的位置在离桥面5m以下时可采用原索重接。

首先制作一定长度和原有斜拉索性能相当的钢索段,将钢索段和受损斜拉索的断裂处搭接一定长度,在搭接的部分采用多个钢索夹将斜拉索段夹紧,从而达到应急连接的目的。

②斜拉索破坏位置在离桥面5m以上时可采用邻索连接。

首先制作一定长度、与原有斜拉索性能相当的索链螺旋扣,在受损斜拉索的邻索上设置带支耳的钢索夹具,将索链螺旋扣一端钩住钢索夹具的支耳,另一端钩住钢箱梁的锚固端,从而达到应急连接的目的。

4. 应急修复与临时加固

(1)钢板表面粘贴修补法

钢板表面粘贴修补法是在已裁切完成的钢板与构件裂缝间涂敷环氧树脂粘贴剂,以达到构件修复的目的。

(2)千斤顶及临时支撑法

千斤顶及临时支撑法可以在地震灾害发生后迅速提高受损桥梁的稳定性及安全性,以降低次生灾害发生的可能性。

（3）铺设临时覆盖板法

当发生桥面落差、伸缩缝错开分离或桥面磨耗层受损时,可用大面积的钢板覆盖于受损的桥面上,以恢复交通及提高行车安全性。

（4）纤维增强高分子复合材料补强法

纤维增强高分子复合材料补强法是利用复合材料中的高强度纤维及树脂涂料对受损构件所进行的补强措施,常用于桥墩柱的补强方式有贴片补强法、缠绕补强法、预铸薄壳补强法。

7.1.3　隧道损毁处置方案与抢修技术

隧道坍塌除了导致道路断通、施工中断外,往往伴随着人员伤亡、掩埋、车辆损毁及危害周边环境等恶性后果。

隧道坍塌按照发生的结构部位可以分为以下两类。

①洞口段坍塌:主要指洞口边仰坡发生滑塌、崩塌,隧道洞门段坍塌。

洞口抢通措施主要包括:路堑通过法,明洞或棚架通过法,隧道通过法,单洞通行法,路线迂回法,隧道洞门及边仰坡加固技术措施。

②洞身段坍塌:主要指隧道洞内形成段落垮塌,或者部分隧道结构及围岩坍塌。

隧道洞身段坍塌的抢通抢修应遵循分部开挖、短进尺、快支护、早衬砌的原则,以达到减小开挖跨度、高度,减少变形,防止坍塌的作用。初期支护做好后可应急通车,在初期支护形变稳定后尽早模筑衬砌。

7.2　灾后应急通行路径选择模型

7.2.1　救援路径选择模型建立

由震后应急救援路径选择的影响因素可知,应急救援路径选择模型需要包含行程时间和安全可靠度两个变量。根据多目标决策的理论与方法,首先对目标函数中的行程时间和安全可靠度两个变量分别进行无量纲处理,处理后的结果通过加权和法,实现各目标分量的聚合,最后得到决策效用函数模型,从而将多目标决策问题转换为单目标决策问题。

(1)备选路径行程时间和安全可靠度的无量纲处理

对各备选路径的行程时间和安全可靠度分别进行无量纲处理,设救援车辆从起点出发到达救援地点的备选路径的集合 $Q=\{a,b,\cdots,t\}$,第 r 条路径行程时间为 T_r,最短和最长行程时间分别为 $T_{\min}$ 和 $T_{\max}$,$f(T_r)$ 为第 r 条备选路径行程时间的无量纲指标,则有:

$$f(T_r) = \frac{T_r - T_{\min}}{T_{\max} - T_{\min}}, r \in Q \tag{7.1}$$

由于 $T_{\min} \leq T_r \leq T_{\max}$,所以 $f(T_r) \in [0,1]$。同时,T_r 越小,$f(T_r)$ 也越小,说明行程时间越短的路径其无量纲指标 $f(T_r)$ 越小。

设第 r 条路径的安全可靠度为 S_r,最小和最大安全可靠度分别为 $S_{\min}$ 和 $S_{\max}$,$f(S_r)$ 为第 r 条备选路径安全可靠度的无量纲指标,则有:

$$f(S_r) = \frac{S_{\max} - S_r}{S_{\max} - S_{\min}}, r \in Q \tag{7.2}$$

同样,由于 $S_{\min} \leq S_r \leq S_{\max}$,所以 $f(S_r) \in [0,1]$。同时,S_r 越大,$f(S_r)$ 也越小,说明安全可靠度越大的路径其无量纲指标 $f(S_r)$ 越小。

(2)加权和法实现各目标分量的聚合

假设救援机构决策者给出的行程时间和安全可靠度两个分量的权重向量为 $\boldsymbol{\lambda} = (\lambda_1, \lambda_2)^{\mathrm{T}}$,其中 λ_1 为行程时间决策权重,λ_2 为安全可靠度决策权重。则救援物资车辆路径选择问题的决策效用函数模型为:

$$F_r = \lambda_1 f(T_r) + \lambda_2 f(S_r), r \in Q \tag{7.3}$$

式中:F_r——路径 r 的行程时间和安全可靠度的综合效用值,$F_r \in [0,1]$。

F_r 值越小,路径综合评价效果越好。因此,可从备选路径中选取 F_r 值最小的路径作为决策的最终结果。

(3)建立救援物资车辆选择路径的目标函数

震后公路网错综复杂,救援车辆在公路网某 OD 点间的某条救援路径可能由若干个技术等级、路面类型、路况破坏程度等因素不同的路段构成。因此,在计算路径效应函数时要分段计算,以便其参与最优路径的计算。假设公路网中某 OD 点 (m,n) 间有 $Q=\{a,b,\cdots,t\}$ 条路径,其中第 r 条可行路径由 j_r 段路段构成,则 (m,n) 间第 r 条路径的目标函数 $F_r(m,n)$ 如下:

$$F_r(m,n) = \lambda_1 \frac{\sum_{k=1}^{j_r} T_{rk}(m,n) - T_{\min}(m,n)}{T_{\max}(m,n) - T_{\min}(m,n)} + \lambda_2 \frac{S_{\max}(m,n) - \prod_{k=1}^{j_r} S_{rk}(m,n)}{S_{\max}(m,n) - S_{\min}(m,n)}$$

(7.4)

s.t.

$$0 < T_{\min} \leq T_r \leq T_{\max}$$

$$0 \leq S_{\min} \leq S_r \leq S_{\max} \leq 1$$

$$\lambda_1 + \lambda_2 = 1, 0 \leq \lambda_1 \leq 1, 0 \leq \lambda_2 \leq 1$$

式中：$T_{rk}(m,n)$——$m \to n$ 第 r 条路径中第 k 个路段的行驶时间；

$S_{rk}(m,n)$——$m \to n$ 第 r 条路径中第 k 个路段的安全可靠度；

λ_1、λ_2——行程时间和安全可靠度决策权值。

通过式(7.4)可以得出救援车辆从起点出发到达救援地点的有效路径的行程时间和安全性效用值。选取效用值最小的路径作为出行前选择路径，其余路径作为出行中路径调整的备选路径，以供救援车辆绕行选择。

7.2.2 救援路径选择模型指标的确定

震后由于道路功能损失、余灾、信息滞后性等不确定因素的存在，公路网处在一个动态变化的公路交通系统中。为了更精确地确定路径选择影响指标，需要分别对影响指标进行量化。

(1)路段区间速度

由于地震灾害会导致路段的通行能力降低，根据美国联邦公路局的交通阻抗模型，则其速度由下式计算：

$$v_r(k) = \frac{v'_r(k)}{1 + \alpha [q_k/(C_k \cdot f_z)]^\beta}$$

(7.5)

式中：$v_r(k)$——车辆在路径 r 路段 k 上的实际行驶速度；

$v'_r(k)$——车辆在路径 r 路段 k 上的自由流行驶速度；

q_k——路段 k 的交通量；

C_k——路段 k 的灾前通行能力；

f_z——路段通行能力折算系数；

α、β——模型系数，一般取 $\alpha = 0.15, \beta = 4.0$。

(2)路段区间时间

由交通工程学理论可知,路段平均行程时间可由下式计算:

$$T_r(k) = \varepsilon \cdot \frac{L_r(k)}{v_r(k)} \tag{7.6}$$

式中:$T_r(k)$——路段平均行程时间(h);

ε——公路功能损失调整系数;

$L_r(k)$——路段距离(km);

$v_r(k)$——路段平均行程速度(km/h)。

不同等级的地震对道路的破坏情况不同,导致道路行车状况不同,因此引入道路功能损失调整系数 ε。为了研究方便,震后路面状况大致分为好、良好、差三种状态。当路面平整,没有受到灾害影响时,则认为路面状况为好;当道路受到轻微灾害破坏,对行车有轻微影响时,则认为路面状况为良好;当道路受到较为严重的破坏,严重影响了车辆通行的路段时,则认为路面状况为差。对于不同的路面状况,ε 取不同的值(表7.1)。

道路功能损失调整系数 ε 表7.1

路面类型	路面状况	高速公路	一级公路	二级公路	三级公路	四级公路
沥青或水泥路面	好	1	1	1	1	1
	良好	1.20~1.40	1.25~1.45	1.43~1.87	1.43~1.87	1.56~2.00
	差	2.00~2.50	2.00~2.50	2.39~2.98	2.39~2.98	2.54~3.50
砂石路面	好	—	—	1.43	1.43	1.56
	良好	—	—	1.87~2.32	2.00~2.56	2.20~2.72
	差	—	—	2.80~3.50	3.00~3.70	3.50~4.00

(3)安全可靠度指标的确定

路段安全可靠度是指应急救援车辆能否安全到达目的地的定量指标值。车辆能否安全到达目的地由人、车、路三要素共同决定,三要素构成的道路交通系统的任一要素失效,系统便会失效。只有当三要素都能正常工作时,单元交通系统才能正常运行,震后应急救援中假设救援车辆的可靠度为1。因此,根据可靠性工程中串联系统的定义,路段安全可靠度 S 的数值由路段连通可靠度(P)与路段管理可靠度(K)乘积表示,即 $S = PK$。其中,路段连通可靠度根据震后道路连通可靠性计算标准获得;道路管理可靠度通过信息提供可靠度、管理执法可靠度两方面进行评估。根据课题组已有研究成果,信息提供可靠度、管理执法可靠度如表7.2所示。

管理可靠度　　　　　　　表7.2

项目	标准	可靠度
信息提供	先进	1.15
	良好	1.00
	较差	0.90
	差	0.80
管理执法	严格	1.10
	良好	1.00
	较差	0.80
	差	0.70

7.3　灾后应急通行交通组织技术

出于实际工作的需要,上述各类管理措施都包含数种更具体、更有针对性的措施或对策,在综合文献等成果基础上,下面加以详细介绍。

1. 分离类对策

在空间上分离车辆是交通应急通行管理最基本的对策之一,主要通过对车道使用进行控制,将救援车辆与社会车辆进行横向空间分离,向救援车辆提供优先服务的手段,以确保救援车辆安全快速通行。

2. 车辆行驶限制类对策

(1)限速对策

除了分离类对策,限速对策也是应急通行管理中最基本的对策。限速对策分为对应急救援车辆的限速和对社会车辆运行的限速。灾害条件下,在道路损毁严重的路段对应急车辆进行限速对策,能够提高救援车辆的运行安全性,减少道路交通事故,间接地提高了应急救援车辆的救援速度。

(2)车距控制对策

在应急通行过程中,交通运输主管部门应该针对不同路段的路面情况,合理限制应急运输车辆之间的安全距离,保证应急救援车辆平稳通行。

(3)禁止超车对策

为了尽量保持救援车辆平稳、有序运行,要严格控制救援车辆的运行秩序,禁止超车行为。

(4)车型控制对策

当桥梁、隧道或枢纽立交匝道等在灾害中受到损毁时,往往需要对过往车辆的最大载重、最大三维尺寸进行限制,以保证应急车辆的安全通行。

(5)车辆编队行驶对策

车队模块化通行,是指在灾后道路状况不良或救援车队遇有浓雾、暴风雪等恶劣气候条件下,为确保行车安全,将若干车辆有序地编排成一个个通行车队模块,以模块为单位放行。

3. 限流类对策

对灾区公路网或长大桥梁等重大基础设施的入口进行交通流量限制,是灾后应急通行应用较广的一种交通需求管理方法,其目的是调节进入灾区路网或重大基础设施的车辆数,使得交通流的流量、密度、速度以及安全状态等参数处于良好状态,以保障灾变应急条件下应急救援车辆安全快速通行。

4. 诱导类对策

根据诱导对策实施地点的不同,诱导类对策分为灾区内分流路径诱导、灾区周边交通流入网诱导两种。

7.4 灾后应急通行路径引导技术

应急交通救援往往是由安全地区向灾害发生地区运送物资和人员,不仅要保证车辆和人员免受次生灾害的影响,还要尽可能缩短运输时间。

7.4.1 应急信息发布技术

针对不同的信息发布对象,采用的信息发布方式也各不相同。公路信息发布方式主要包括可变信息标志、路侧广播、交通广播、互联网、移动电话等。

在综合相关文献的基础上,本书总结了公路网各种常用信息发布技术及适用情况,如表7.3所示。

常用信息发布方式及其优缺点　　　　　　　　　　　表7.3

信息发布技术	优点	缺点	适用情况	抗灾害性
文字式可变信息板	(1)容易看明白; (2)能很快地从中获得所需信息	(1)能提供的信息量不大; (2)信息使用的驾驶人有限,不适合网络环境; (3)在一些交通量大、路网复杂的城市快速路或高速公路中所能发挥的作用有限	(1)各种事件; (2)路段上交通流; (3)文字提供信息	差,对泥石流、地震等地质灾害的抵抗性弱
图形式可变信息板	(1)使复杂信息更容易理解; (2)能够提供整个路网的服务水平和旅行时间等信息	(1)需要一个逐步学习、逐步适应的过程; (2)在初期难以被理解; (3)价格高昂	(1)各种事件; (2)路段上交通流; (3)图文式提供信息	差,对泥石流、地震等地质灾害的抵抗性弱
移动式可变信息板	(1)位置可变,灵活机动; (2)可由车载发动机供电	(1)国内应用较少; (2)发布的信息较单一; (3)价格高昂	(1)各种事件; (2)路段上交通流; (3)数字信息	好
车载GPS终端	(1)提供信息量大,针对性强; (2)能够根据驾驶人的需要提供信息	(1)投资大,技术难度高; (2)正处于研究开发完善阶段; (3)地图无法实时更新	(1)各种事件; (2)大范围道路用户; (3)图文信息提示诱导; (4)能按需提供信息	一般
手机短信平台	(1)信息量大; (2)信息影响面大	需要政府协调通信公司配合	(1)重大灾变事件(一级、二级)及紧急事件; (2)大范围道路用户的文字信息提示与诱导	一般,无线基站和传输光缆对地震等地质灾害的抵抗性弱

续上表

信息发布技术	优点	缺点	适用情况	抗灾害性
路旁广播	(1)不同路段可以使用不同频率播放不同内容; (2)提供信息量大,针对性强	初期投资大,维护成本高	(1)各种事件; (2)路段上交通流; (3)语音提供信息	差,对泥石流、地震等地质灾害的抵抗性弱
交通广播	(1)信息面广,影响范围大; (2)技术简单、成熟,易于推广	(1)对交通状况在时间和地点上的动态变化难以及时跟踪; (2)信息的提供时间与驾驶人的需要时间不协调; (3)信息的内容和驾驶人需要的内容不协调; (4)对跨越多个行政区的公路发布信息,协调难度较大	(1)各种事件; (2)大范围道路用户; (3)语音信息提示与诱导; (4)主播与用户能互动,能及时更新部分信息	一般,对泥石流、地震等地质灾害的抵抗性弱
互联网	(1)信息量大,更新及时; (2)能满足驾驶人的不同需求	(1)需要网络和计算机终端; (2)属于出行前的信息发布,对路上驾驶人帮助有限	(1)各种事件; (2)大范围道路用户; (3)出行前信息提示与诱导	差,对泥石流、地震等地质灾害的抵抗性弱
卫星电话	(1)信息量大,灵活多变; (2)能满足驾驶人的不同需求	(1)受电话带宽容量的限制; (2)属于被动的信息发布方式	(1)各种事件; (2)大范围按需提供信息	好

7.4.2 应急救援路径引导技术

灾害发生后,应急救援队伍能否快速安全地进入灾害现场是应急救援成功与否的关键所在,特别是在一些重大灾害发生后,道路、通信、电力完全中断,重灾区更加需要应急救援队伍和救援物资的支持。因此,灾害发生后,对灾区和灾区周边救援队伍进行有效的交通引导,帮助救援队伍能够快速、安全地到达受灾现场具有重要意义。

7.4.2.1 灾后紧急情况下的群体路径诱导策略

灾后应急通行引导策略的群体诱导主要通过路网中的可变信息板、交通广播、路边广播等来发布交通诱导信息。通过对灾后路网的建模,提出应急救援的最优路径和行程时间的计算方法,然后根据救援延误与绕行之间的关系,决定是否发布诱导信息。诱导信息将有助于驾驶人选取最佳行驶路径,从而减少因事件造成的交通延误。

灾后公路网的信息发布系统通过如图 7.1 所示运行机制来指导驾乘人员的运行路径。

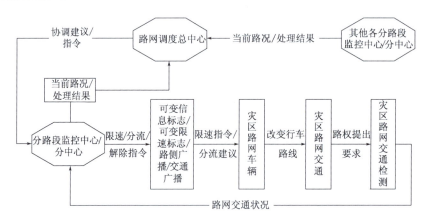

图 7.1 灾后应急通行群体交通诱导

由路网信息发布系统运行机制可以看出,通过对路网内检测到的实时信息进行处理,得到信息发布范围及分流措施,成为应急通行紧急情况下的群体诱导的关键。其分流程序设计如图 7.2 所示。

第 7 章　灾后救援队伍应急通行管理技术

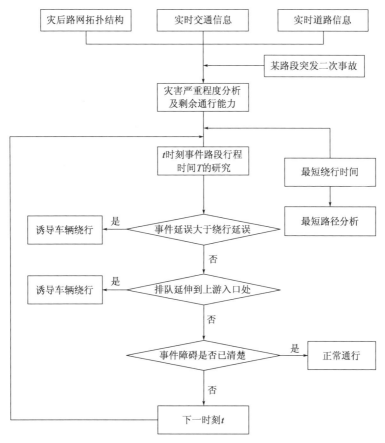

图 7.2　灾后应急通行交通分流流程

7.4.2.2　灾后紧急情况下的单车路径诱导策略

灾后救援应急通行公路网内的个体诱导主要通过路网内行驶车辆的车载装置、卫星电话等来发布交通诱导信息。目前这种设备普及率较低,只有专业应急救援队伍和军队中有此设备,但是随着车辆技术及通信技术等的进一步发展,个体诱导将占有越来越重要的地位。

发生灾害事件时,根据已知的实时动态的交通需求、动态的路阻函数,可实时地对路网进行动态交通分配,并根据动态分配到路段上的交通量发布诱导信息到车载设备上,诱导驾驶人选取最优路径快速到达目的地。单车诱导的流程如图 7.3 所示。

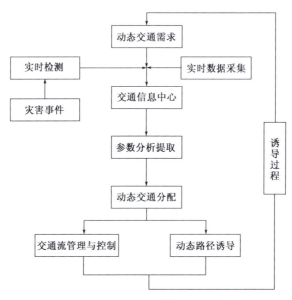

图 7.3 灾后应急通行单车交通诱导流程

7.5 本章小结

本章通过对灾后公路损毁状况的分析,介绍了灾后应急通行管理技术,主要包括灾后道路的快速抢通技术、灾后应急交通组织技术以及灾后应急通行路径引导技术,为灾后救援队伍的应急救援工作提供了理论依据和指导。

第 8 章　以道路交通生命线为核心的综合运输系统驳接管理技术

重大自然灾害下的应急救援涉及道路交通运输、水路交通运输、铁路运输及航空运输等各相关交通运输部门。当道路交通生命线不能通行时，为保证应急救援的需求，应考虑通过水路交通运输、铁路运输及航空运输等进行综合驳接运输。

8.1　综合运输驳接管理的模型描述

8.1.1　综合运输驳接需求与管理目标

8.1.1.1　综合运输驳接需求

重大自然灾害条件下，道路交通生命线中断，通往灾区的道路交通在短时间内无法打通，应急救援队伍无法通过道路交通进入灾区，因此需要考虑其他交通运输方式的联合运输。

8.1.1.2　综合运输驳接管理目标

应急状态下的综合运输驳接是通过应急救援指挥中心，统一调配指挥公路、铁路、航空、水运的应急运输部门，根据灾区需求和应急等级合理地调配运输方案，使灾区最需求的救援队伍和救援物资在最短时间内到达受灾现场，使灾区损失降到最低。

8.1.2　以道路为核心的综合运输驳接组织形式

8.1.2.1　综合运输驳接组织形式

综合运输驳接组织形式按照驳接次数不同而有无数种组合形式，最常见的组织形式主要有：经过一次驳接的两种运输方式的联合运输（图8.1），经过两次驳接的两种或三种运输方式的综合运输（图8.2）。

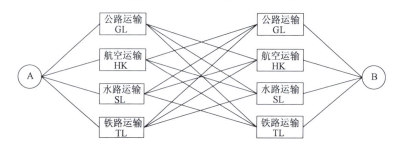

图8.1　经过一次驳接的两种运输方式的联合运输

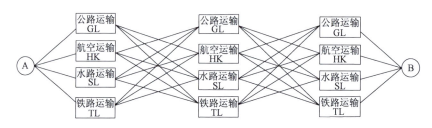

图8.2　经过两次驳接的两种或三种运输方式的综合运输

8.1.2.2　以道路为核心的综合运输驳接组织形式

以道路为核心的综合驳接组织形式有公路与航空的联合运输、公路与铁路的联合运输、公路与水路的联合运输。

1. 公路与航空的联合运输

公路与航空的联合运输是最常见也是效率最高的驳接组合方式，主要的驳接方式为公—空、空—公、公—空—公（图8.3）。

图8.3　公路与航空的联合运输组合方式

2. 公路与铁路的联合运输

公路与铁路运输的主要驳接方式为公—铁—公（图8.4）。

图 8.4　公路与铁路的联合运输组合方式

3. 公路与水路的联合运输

公路与水路常见的综合运输驳接方式主要为公—水—公(图 8.5)。

图 8.5　公路与水路的联合运输组合方式

8.2　灾害条件下以道路为核心综合运输驳接管理模型的建立

紧急态势下物资调度人员在进行决策时,需要在运输时效性、安全性和经济性目标之间权衡抉择;而正常情况下的企业运输调度决策目标则主要从经济性方面考虑,通常简化为运输距离或运输周转量的最小化,只在少数情况下才考虑时间窗约束。

8.2.1　灾后综合运输驳接方式选择影响因素

灾后综合驳接运输的过程中,对于线路及运输方式组合的选择主体往往不再是运输需求者本身和从事综合运输服务的企业管理者或者机构负责人,而是应急通行管理中心根据灾区应急需求等级和现有的交通运输供给条件两方面因素来决定综合运输的驳接组合方式。

8.2.1.1　灾后综合运输需求的驳接方式影响因素

灾后综合运输驳接的运输过程中,不但要考虑从运输的供给数量上满足运输的需求,更要考虑提高运输时间效率和安全性。应急综合运输最终目的是希望救援队伍、救灾物资能及时、准确、安全地到达灾区目的地,因此,综合运输驳接的方式选择是基于安全性、时效性、经济性、便利性的影响因素。

8.2.1.2 交通供给的驳接方式影响因素

灾后应急通行综合运输驳接在交通供给方面的影响因素,主要体现在不同运输方式的特点、灾后剩余路网的规模、剩余路网通行能力、驳接枢纽运作机能、驳接枢纽及换装点间不同运输方式间的衔接能力,这些因素都对驳接过程的实现及综合运输方式的选择产生巨大影响。

8.2.2 灾后应急通行综合运输驳接模型的建立

建立灾害条件下综合运输驳接模型必须首先把现实问题抽象为数学问题,把驳接枢纽抽象为节点,不同运输方式抽象为线段,将实际问题转换为点、线问题。通过不同点与线之间的连接,构成现实问题中的综合交通运输网络。通过增加虚拟的节点及线段来使抽象的决策行为转换为网络元素,使得复杂问题简单化。灾害条件下综合运输驳接模型建模过程如图 8.6 所示。

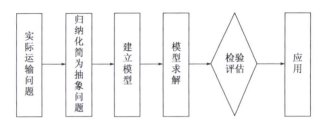

图 8.6　综合运输驳接模型建立过程

灾后应急通行综合运输驳接模型是指在综合运输网络中根据不同的应急需求等级建立的满足不同运输经济性、时效性等指标的驳接方案。综合运输驳接的过程如图 8.7 所示。

从紧急态势下运输驳接决策目标的影响因素和特点可以看出,最优驳接方案本质上属于多属性决策问题。其决策任务是选取的驳接运输方式能使属性向量的两个分量(时效性和经济性)在不同的应急通行等级中均取得理想值。

8.2.2.1 模型的假设及符号说明

模型假设:

①运量在某一站点之间不能分割,即在某一特定的站点之间只能选择一种运输方式。

第8章 以道路交通生命线为核心的综合运输系统驳接管理技术

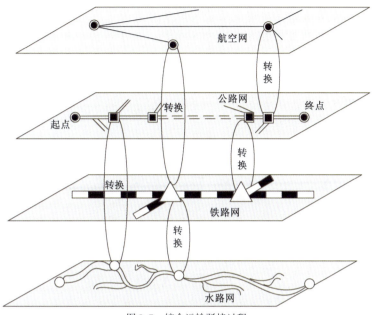

图8.7 综合运输驳接过程

②运输成本与距离呈线性关系。

符号说明如下：

$$x_{i,i+1}^{k} = \begin{cases} 1, \text{在城市 } i \text{ 与 } i+1 \text{ 站点之间选择第 } k \text{ 种交通方式} \\ 0, \text{选择其他交通方式} \end{cases}$$

$$r_{i}^{kl} = \begin{cases} 1, \text{在站点由第 } k \text{ 种交通方式转换到第 } l \text{ 种交通方式} \\ 0, \text{不发生转换} \end{cases}$$

$$u_{i}^{kl} = \begin{cases} 1, \text{在站点由第 } k \text{ 种交通方式转换到第 } l \text{ 种交通方式场地、设施、特殊} \\ \quad \text{工具均满足变更要求} \\ 0, \text{不满足变更要求} \end{cases}$$

$c_{i,i+1}^{k}$：从站点 i 到站点 $i+1$ 选择第 k 种运输方式的运输成本；

$f_{i,i+1}^{k}$：从站点 i 到站点 $i+1$ 选择第 k 种运输方式的运输能力；

d_{i}^{kl}：在站点 i 由第 k 种运输方式转换到第 l 种运输方式的中转费用；

a_{i}^{kl}：在站点 i 货物由第 k 种运输方式中转到第 l 种运输方式时所需要的中转时间；

$t_{i,i+1}^{k}$：从站点 i 到站点 $i+1$ 选择第 k 种运输方式的运输时间；

λ_1、λ_2:运输成本和运输时间的权重;

T:从中心点到目的地容许的时间期限;

J:可供选择的交通工具集合;

I:所有要经过站点的集合;

q:货物的运量;

M:一个充分大的惩罚因子。

8.2.2.2 模型建立

$$Z = \min(\sum_{i \in I}\sum_{k \in J} x_{i,i+1}^k, c_{i,i+1}^k + \sum_{i \in I}\sum_{k \in J}\sum_{l \in J} r_i^{kl} d_i^{kl}) + \sum_{i \in I}\sum_{k \in J}\sum_{l \in J}(u_i^{kl} - 1)M \quad (8.1)$$

s.t.

$$\sum_{k \in J} x_{i,i+1}^k = 1, \forall i \in I$$

$$\sum_{k \in J}\sum_{l \in J} r_i^{kl} \leq 1, \forall i \in I$$

$$x_{i-1,i}^k + x_{i,i+1}^l \geq 2r_i^{kl}, \forall i \in I, k \in J, l \in J$$

$$\sum_{i \in I}\sum_{k \in J} t_{i,i+1}^k, x_{i,i+1}^k + \sum_{i \in I}\sum_{k \in J}\sum_{l \in J} a_i^{kl} r_i^{kl} \leq T$$

$$q \leq f_{i,i+1}^k, \forall i \in I, k \in J$$

$$x_{i,i+1}^k, r_{i,i+1}^k \in \{0,1\}, \forall i \in I, \forall k,l \in J$$

其中,目标函数以整个运输过程中的运输成本最少为目标,而总费用由三部分组成,即运费、中转费用、惩罚费用。

第1个约束条件对应的假设,在某一特定的站点对之间只能选择一种运输方式,即运量不能分割;第2个约束条件表明,在站点 i,最大只有一次运输换装;第3个约束条件确保运输的连续性;第4个约束条件表明,货物必须在规定的期限内运到;第5个约束条件表明,货物的运量不能超过某种运输工具的能力;第6个约束条件表明,决策变量取整数0或1。

8.2.2.3 模型的求解

通过虚拟一个运输网络,将原问题转化为一个带时间约束和能力约束的最短路径问题,然后利用基于 Dijkstra 算法的启发式算法去求解带有时间约束和能力约束的最短路径,其时间复杂度是 $O(m^2)$,详细解法介绍如下。

构造运输网络图 $G(V,A)$,方法如下:

①始发点 O 外,将其他各站点分别扩展成 g 个站点(每个站点分别代表一种运输方式),然后虚拟一个最终的目的地 D。

②同一个站点扩展而来的点与点之间不存在连接弧。

③各条弧上的权重分为三类,即费用权重、时间权重、能力权重。

费用权重 = 两站点间的运费 + 中转费用,时间权重 = 两站点间的运输时间 + 中转时间,能力权重 = 两站点间的某种运输工具的运输能力。

为计算方便,虚拟一个最终点 D,因此 $D_i \to D$ 的时间和费用均为 0,而运能为无穷大。原问题的求解可转化为:在不超过运输期限和能力约束的前提下,求 O→D 的最短路径。

构建的网络如图 8.8 所示。

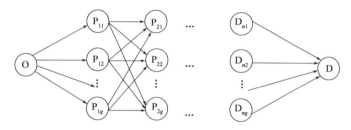

图 8.8 虚拟运输网络

8.2.2.4 算法的描述

算法的基本思想为:首先在不考虑时间约束的前提下,求出 O→D 带有能力约束的最短路径;然后在已求得最短路径的基础上,用启发式算法来调整,使之满足时间约束。

有关符号的说明如下。

dist[i]:节点 O→i 的费用最少的最短距离;

time[i]:节点 O→i 的最短距离上的总时间;

cost[i][j]:节点 $i \to j$ 的费用(如果 $i \to j$ 不满足运输换装的条件,则 cost[i][j] = ∞);

V:节点总集;

S:已标志的节点集合;

S':未标志的节点集合。

$V = \{O, P_{11}, P_{12}, P_{13}, \cdots, P_{1k}, \cdots, D_1, \cdots, D_k, D\}$，有 $S \cup S' = V$。

$$\text{path}[i] = \begin{cases} k, \text{表示 } O \to i \text{ 的最短路径上节点 } i \text{ 的前一个节点} \\ \infty, \text{表示 } O \to i \text{ 不存在最短路} \end{cases}$$

$$\text{label}[i] = \begin{cases} k, \text{表示 } O \to i \text{ 的最短路径已找到} \\ \infty, \text{表示 } O \to i \text{ 的最短路径未找到} \end{cases}$$

ΔT_i^{kl}：在站点 i，由第 k 种交通方式转换到第 l 种交通方式所节省的时间。

ΔF_i^{kl}：在站点 i，由第 k 种交通方式转换到第 l 种交通方式所增加的费用。

$\max(i,k,l)$：在站点 i，由第 k 种交通方式转换到其他交通方式，第 l 种是最优的（表示以最少的额外费用去节省最多的旅行时间）。

Step1：初始化。

$S \leftarrow \{0\}$，$\text{path}[0] \leftarrow 0$，$\text{label}[0] = 1$；

$S \leftarrow V - S$ $\forall i \in S$，有 $\text{dist}[i] \leftarrow \text{cost}[0][i]$，$\text{label}[i] = 0$，$\text{path}[i] = \infty$。

Step2：若 $\text{label}[D] = 1$，转 Step6，否则转 Step3。

Step3：在所有的 $i \in S, j \in S$ 满足 $q \leq f_{ij}$ 的点中选择 $\text{dist}[k] \leftarrow \min\{\text{dist}[j]\}$，置 $S \leftarrow S - \{k\}$，$S \leftarrow S \cup \{k\}$，置 $\text{label}[k] = 1$。

Step4：对于所有的 $i \in S, j \in S$，置 $\text{dist}[j] \leftarrow \min\{\text{dist}[j], \text{dist} + \text{cost}[k][j]\}$，$\text{path}[j] \leftarrow k$ 转 Step2。

Step5：输出 $\text{dist}[D]$ 的最短路径，根据最短路径求出该路径上的总时间 $\text{time}[D]$。

Step6：根据已求出的最短路径确定各区间运输方式，并存放于 $\text{mode}[i]$（$i = 1, 2, 3, \cdots, n+1$）中，确定最短路径总时间（total_time）和总费用（total_fair）。

Step7：判断（total_time $< T$，T 为时间约束）是否成立，若成立则转到 Step9，否则转到 Step8。

Step8：$i \leftarrow n + 1 \leftarrow$，$k \leftarrow \text{mode}[i]$；对于所有 $l \in j$，计算 $\max(i,k,l) = \max\left\{\dfrac{\Delta T_i^{kl}}{\Delta F_i^{kl}}\right\}$，total_time $\leftarrow$ total_time $- \Delta T_i^{kl}$，total_fair $=$ total_fair $- \Delta F_i^{kl}$，$i \leftarrow i - 1$ 转 Step2。

Step9：输出最终各区间的选择运输方式、总时间、总费用，结束［说明：上述算法 Step1～Step6 是求出源点（O）到终点（D）没有约束的最短路径，Step7～Step9 是调整使满足时间约束］。

8.2.2.5 实例分析

将货物从1站点送至5站点,途经2～4三个站点,而且每两个站点之间有4种运输方式可供选择,即铁路、公路、航空、水运。假设运量为20个单位,运到期限最迟30,其他数据如表8.1～表8.3所示。

各站点之间运费和运输时间　　　　　　　　　　　表8.1

运输方式	1～2	2～3	3～4	4～5
铁路	3/6	4/10	3/15	6/21
公路	2/5	4/12	5/19	5/15
航空	4/2	1/3	6/4	4/5
水运	1/10	1/12	2/20	1/20

注:表中分子为单位运费,分母为运输时间。

各站点之间各种运输方式的运输能力(运输单位)　　表8.2

运输方式	1～2	2～3	3～4	4～5
铁路	50	45	36	38
公路	38	40	30	29
航空	32	30	25	23
水运	40	42	33	35

不同运输方式之间的换装费用和时间　　　　　　表8.3

运输方式	铁路	公路	航空	水运
铁路	0/0	2/2	1/1	2/2
公路	2/2	0/0	1/1	3/3
航空	2/2	1/1	0/0	2/2
水运	2/2	3/3	2/2	0/0

注:表中分子为换装费用,分母为换装时间。

按上述算法的思想求解如下。

第1步:构造运输网络图(图8.9)。

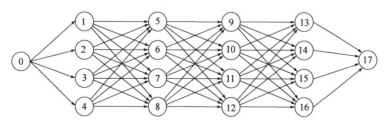

图8.9　运输网络

第 2 步：不考虑时间约束的前提下，求出 0→13 的最短路径为 0→2→7→9→15→17。

其表示：从站点 1 到站点 2 选择公路，从站点 2 到站点 3 选择航空，从站点 3 到站点 4 选择铁路，从站点 4 到站点 5 选择航空。

最短路的总费用为 204，总时间为 32。

第 3 步：运用启发式算法来调整，使之满足时间约束。

按最短路径计算出来的总时间为 32，而实际的时间约束为 30，所以需要调整。按启发式算法调整的最终结果为：将原来 3~4 站点的运输方式由原来的铁路转换到航空，其他不变。总费用为 261，总时间为 19。

8.3 综合运输系统通达性和运输效率评估

在获取各种运输方式状态信息基础上，对公路—航空、公路—铁路、公路—水路三种驳接运输方式的通达性和运输效率，分别从驳接时间、成本和通达性三个方面进行评价。

8.3.1 综合运输时间评估

不同运输方式的运输速度有较大差异，详见表 8.4。

四种运输方式运输速度和时间比较　　　　表 8.4

运输方式	公路运输	水路运输	铁路运输	航空运输
速度(km/h)	20~120	20~50	80~200	300~800
时间	较快	慢	快	最快

8.3.2 综合运输成本评估

1. 公路运输的成本特征

公路运输的固定成本是所有运输方式中最低的，而卡车运输的可变成本很高，因为公路建设和公路维护成本都以燃油税、通行费等方式征收。

2. 水路运输的成本特征

水路运输的固定成本主要投放在运输设备和端点设施上。水运中常见的高端点成本在很大程度上被很低的线路费用所抵消。

3. 铁路运输的成本特征

铁路运输的固定成本高,端点的可变成本也很高,线路成本相对较低,且单位可变成本会随运量和运距的增加略有下降。

4. 航空运输的成本特征

高昂固定成本和可变成本合在一起,使航空运输成为成本最高的运输方式,短途运输尤其如此。

据统计,我国内河运输成本是铁路运输成本的2/3,是公路运输成本的1/3。其运行耗能如表8.5所示。

运输方式耗能　　　　表8.5

运输方式	油耗[kg/(kt·km)]	单位耗能比较(%)
内河	5.96	8.67
铁路	11.00	16.00
公路	68.75	100.00

8.3.3　综合运输通达性评估

公路要形成层次结构合理、完善的基础网络系统,骨架干线要高速化,次干线快速化,支线要密集化。

铁路要形成与地理空间和大运量流向相适应的较完善的框架网络布局,而没有必要形成一个普遍的高密度的网络。

内河运输要充分利用现有的江、河自然条件和结合水资源的综合开发利用,形成江、河运输通道和水系运输网络。

航空要建成枢纽机场、干线机场、支线机场结构层次合理的机场布局。

各种运输方式的适用范围和技术运作特征如表8.6所示。

救灾物资运输方式的适用范围和技术运作特征比较　　　表8.6

项目	铁路	公路	航空	水路
适用距离	中长途	中短途	中长途	长途
运载规模	大	小	小	大

续上表

项目	铁路	公路	航空	水路
运输能力	强	强	弱	最强
运输速度	快	快	很快	慢
运输频率	高	很高	高	有限
运营成本	中	中	高	低
可靠性	很好	好	好	有限
可用性	广泛	广泛	有限	很有限
适用情况	大宗物资长途干线运输	支线和末端运输、配送	紧急运输、空投运输	二次或补充运输,情况缓和

8.4 本章小结

本章介绍了综合运输方式的特点,主要从运输成本、运输时间、运输通达性三方面比较了四种运输方式的优缺点。本章结合综合运输驳接需求和管理目标建立了以道路为核心的综合运输驳接管理模型,并给出了灾后综合运输系统通达性和运输效率的评估指标。

第 9 章　重大自然灾害下交通生命线网络应急管理预案

9.1　重大自然灾害下交通生命线网络应急组织体系研究

重大自然灾害下交通生命线网络的应急响应过程设计，来自不同行政区域和缺乏合作经验的多个单位和人员。科学合理的应急响应组织是实现应急指挥与控制的关键和前提，其能够将应急响应工作进行组织化运作，从而有效协调各应急响应参与单位的工作。

应急响应组织首先应满足高度动态的应急态势，能够进行动态调整；其次，应急响应组织结构应适应现有的应急关系体系的特征，满足应急管理事件工作的需求。因此，本节对重大自然灾害下交通生命线网络应急管理的相关主体及其相互关系进行研究，从而建立重大自然灾害下交通生命线网络应急管理的组织体系。

9.1.1　交通生命线网络应急响应组织

重大自然灾害下的应急响应组织是为了完成交通生命线网络的畅通而设立的一种满足应急响应特殊情景特征的组织模型。重大自然灾害下，交通生命线网络应急管理涉及公路、交通、路政、交警等各部门和机构。因此，应急管理的一项重要工作是有效组织应急响应工作参与人员，使之产生协调一致的行动模式，从而提高应急响应工作的效率。同时，涉及合理的应急响应组织机构是协调各单位应急行动的一种有效手段，能够对参与应急响应工作的各单位进行统一编组，实现应急响应工作的组织化运作。

因此，根据重大自然灾害下交通生命线网络应急管理的任务环境和现有应急管理行政体系的基本特征,设计合理的重大自然灾害下交通生命线网络应急响应组织结构,规定应急响应参与人员的决策权限、职责和通信关系,是实现应急响应协调和组织化运作的关键。

根据现有的应急管理行政体系的特征和前期的实地调研,提出重大自然灾害下交通生命线网络应急响应的组织机构框架,如图9.1所示。应急组织机构由后方应急响应组织和现场应急响应组织组成,分别履行后方远程协调和事件现场应急指挥的管理职责。同时,重大自然灾害对交通生命线网络造成的破坏规模大、影响范围广,会出现各类突发事件,因此后方的应急响应组织可能成立多个现场应急响应组织,分别指挥和管理不同区域内的事件现场应急响应工作,并统一接受后方应急响应组织的领导和指挥。

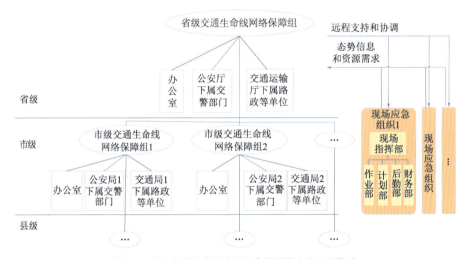

图9.1　重大自然灾害下交通生命线网络应急组织体系

9.1.1.1　后方应急响应组织

重大自然灾害下,交通生命线网络应急管理涉及具有不同管辖权限的多个层级的部门,需要高层次的资源管理和信息管理。按照现有的交通系统应急管理行政体系,基于交通生命线的管理工作归属于交通运输主管部门,路上的交通组织属于公安交警部门的实际,建立各级交通生命线应急管理机构。各级交通应急管理机构自上而下分为省级、市级和县级应急管理责任人及其办事机构(办公室)以及参与应急响应工作的不同级的职能部门。交通生命线网络应急管理后方应急响应组织按照现有的行政体系建立,各级交通运输主管部门下属各职能单位及公安交警部门共同构成后方应急响应组织的组成要素。

后方应急响应组织的主要职责如下。

①态势评估:搜集、处理和展示与应急响应相关的补充信息、地理信息和状态信息。

②事件目标优先级的确定:根据应急态势评估事件对交通生命线网络的威胁程度、事件的复杂性等因素,评价和决定事件目标及其优先级。

③关键资源的获取和分配:从本级别政府及相关职能部门获取关键的应急资源,投放到现场,并优先满足完成级别较高的事件目标的需求。同时,通过上级的沟通协调从事件影响区域外的单位获取应急资源,并向事件现场进行投放。

9.1.1.2 现场应急响应组织

重大自然灾害发生后,事件影响区域内或与应急响应相关的责任单位派遣工作组到达事件现场,并向现场投放应急资源与服务,从而快速、有效地对突发事件进行干预控制。现场应急响应组织是为满足突发事件应急响应的需要,从后方应急响应组织中不同层级的交通运输主管部门及职能部门抽调各种人员,为完成事件现场应急响应工作而组建的项目团队。为有效协调事件现场来自不同单位的应急响应参与人员的行动,应成立现场应急响应组织,对事件现场人员进行编组,将事件现场设施、装备、人员、程序和交流等整合在统一的组织框架中,从而统一协调事件现场所有应急响应参与人员的工作。

通过设计合理的现场应急响应组织结构,能够建立事件现场应急响应参与人员之间清晰的指挥链条,增强各成员之间的信息沟通,是协调事件现场应急响应工作的有效手段。现场应急响应组织的设计原则如下:

①目标的一致性和管理的统一性。

②有效的管理幅度和层次。

③对等的权利和职责。

④合理的分工和保证密切的配合。

本研究中建立的重大自然灾害下交通生命线网络现场应急响应组织机构基本架构如图9.2所示。

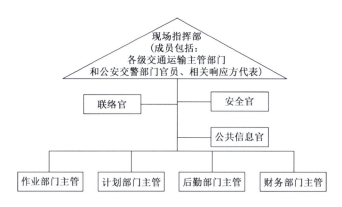

图 9.2 现场应急响应组织基本架构

1. 现场指挥部

重大自然灾害的应急响应涉及不同行政区域具有不同法定责任、不同功能职责的多个部门,需要多个部门共同参与应急响应工作并实现有效的协调、计划和交互。因此,重大自然灾害下现场应急响应组织机构应集中主要应急响应参与单位在事件现场的应急指挥人员或代表,通过识别公共的事件目标及其战略,制定统一的应急行动方案,避免不同单位和部门之间的重复工作,减少各单位在应急响应过程中存在的冲突,从而有效地提高应急响应工作的效率。

现场指挥部是一个将事件相关主要单位的指挥人员集中在一起的组织单元,使得各单位能够协调和有效地开展应急响应工作。现场指挥部成员包括参与应急响应职能部门的成员或代表、私有部门的管理人员或代表,具有调动本单位应急资源的权限,能够请求后方应急响应组织中相关组织实体对事件现场应急响应工作进行支援。随着重大自然灾害的发展和演变,现场指挥部的组成人员会发生动态变化,从而适应应急态势动态变化的特征。

现场指挥部在事件指挥场所开展全面的事件指挥和管理工作,负责事件目标的全面识别,并对事件目标进行分级,制定事件目标的战略行动,共享应急响应过程的信息,并最大限度地有效使用应急资源,具体职责如下。

①建立共同的事件目标及战略,并对事件目标进行分级,从而协调参与应急响应工作的各主要成员之间的利益。

②通过统一的规划过程,制定实现事件目标及其战略行动的统一应急行

动方案,并统一发布与执行。

③从后方应急响应组织不同组织实体获取应急资源,对事件现场应急资源进行统一管理。

④实现应急响应参与单位战术行动的集成,减少不同单位在应急响应过程中的冲突,提高应急响应工作的效率。

现场指挥部为主要应急响应参与单位提供一个集中协商的环境,履行重大自然灾害下交通生命线网络突发事件现场应急指挥的职责,使得应急响应组织能够制定出被共同认可的决策方案,从而提高应急响应工作的效率。

2. 专职人员

在重大自然灾害发生后进行应急响应的过程中,现场指挥部可将应急响应中的信息搜集与发布、安全管理以及应急响应参与各方的通信联系等工作指定给相应的负责人,也就是专职人员具体承担,各负责人直接向现场指挥部汇报以及后方应急响应组织汇报。专职人员主要包括公共信息官、安全官和联络官。

公共信息官:负责与后方应急响应组织进行信息的上传下达,与事件信息的获取部门进行交互、搜集、核实、协调、上报和分发准确、及时的事件信息,包括事件发生的原因、事件规模、当前应急态势、使用的应急资源以及其他对内、对外的综合事务。

安全官:监视事件现场来自不同单位人员的应急响应行动,并向现场指挥部提出所有与应急响应安全相关的建议,包括应急响应人员的健康和安全。同时,在应急响应过程中,安全官负责对遭受危险的环境进行评估,其工作内容主要包括制定事件现场的应急安全方案、从安全方面审查应急行动方案、评估多部门安全方面行动的协调性、促进应急响应人员在应急响应过程中采取安全方面的相关措施。

联络官:是现场指挥部与各部门的连接点。联络官征求并搜集参加应急救援的各功能负责单位和支援单位的意见,及时向指挥员报告,同时也把指挥部的战略、战术意图传达给各参战单位,使所有应急救援行为更加统一、协调、有序。

3. 作业部门

作业部门负责执行为减少事件直接危害、建立事态控制目标等而开展的应急行动,包括工程抢险、交通管制等。作业部门开展的所有行动应依据应急行动方案执行,并向现场指挥部上报应急行动执行情况和实时事件现场信息。

作业部门主管全面管理作业部门的行动,对现场指挥部负责,直接部署和执行应急行动方案,协调各项应急行动的执行过程,并决定作业部门内的组织结构及其人员分配。

4.计划部门

计划部门为现场指挥部等应急管理人员搜集、评价、分析和发布时间相关信息,并负责相关重要资料的保存和传递。同时,重大自然灾害下的应急响应过程中,计划部门通过制定统一的应急行动方案,优化各参与单位的应急响应行动,提高应急响应工作的效率。其具体工作职责如下。

①搜集和分发与事件相关的信息,接收其他部门上报的态势报告和应急行动方案的执行信息,展示当前应急态势信息,并掌握投入事件现场的应急资源数量及其状态。

②负责搜集、评估和传播与事件现场响应有关的行动信息。

③根据掌握的应急态势和应急资源信息以及现场指挥部成员确定的事件目标及行动,组织相关人员和专家制定应急行动方案。应急行动方案用于描述现场不同应急响应部门的任务及其相互关系,明确规定当前指挥周期内各项行动。

5.后勤部门

后勤部门负责事件应急响应管理所有的服务支持要求,提供设施、设备、交通、供应、装备维修、饮食供应、通信和技术保障、应急响应人员的医疗服务等。

6.财务部门

财务部门负责所有与事件应急响应相关的财务管理和事件应急响应过程的成本分析。重大自然灾害下的应急响应涉及不同渠道的多种资金支持,应在应急响应过程中对资金实行统一管理。财务部门应跟踪事件应急响应过程中已经累计的成本和费用,向现场指挥部进行报告,并进行评估,预测需要的资金支持。

9.1.1.3 现场应急组织和后方应急组织的关系

重大自然灾害下的应急响应工作由后方应急响应组织和现场应急响应组织相互合作共同完成。

第9章　重大自然灾害下交通生命线网络应急管理预案

首先,重大自然灾害发生后,后方应急响应组织抽调各单位和部门成员,向事件现场派遣工作组,成立现场应急响应组织,开展事件现场应急响应工作。

其次,现场应急响应组织对事件现场来自多个单位的人员进行现场协调。随着突发事件规模的扩大和升级,现场应急响应行动需要后方应急响应程序的远程协调和支持。在应急响应过程中,现场应急响应组织负责事件现场应急响应工作以及应急响应过程的战术指挥工作,并向后方应急响应组织负责应急响应过程的战略协调工作,识别全局应急目标,统一指挥和调度组织中各层级政府的人力、物力和财力资源,并获取组织外部社会应急资源,向现场应急响应组织提供支持和协调,从而实现现场应急组织与后方应急响应组织的协调运作。

最后,重大自然灾害下的应急响应组织具有以项目为导向的矩阵性组织特征,能够从后方应急响应组织中抽调不同层级的政府和职能部门的各种人员,组成不同的事件现场应急响应组织,开展多个事件现场的应急响应工作。同时,当事件现场的应急响应工作结束后,应急响应参与人员回到后方应急响应组织各级政府及其职能部门。

9.1.2　云南省交通生命线应急响应组织结构

基于以上分析,针对云南省的实际情况,分层次、分类别对重大自然灾害下云南省交通生命线应急响应组织结构进行建模。根据重大自然灾害的类型和影响范围,将应急响应组织结构分为省、市、县三个等级。

当发生重大自然灾害,交通生命线网络突发事件对全省大范围内的路网造成影响时,应由云南省交通投资建设集团有限公司(以下简称"省交投集团")、省运输管理局、省公路局、省路政管理总队、省交通警察总队共同组成的省级各交通生命线管理部门进行应急组织,应急组织结构如图9.3~图9.5所示。

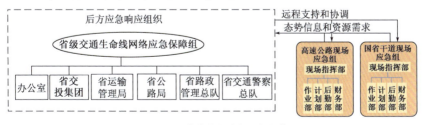

图9.3　云南省省级应急组织机构

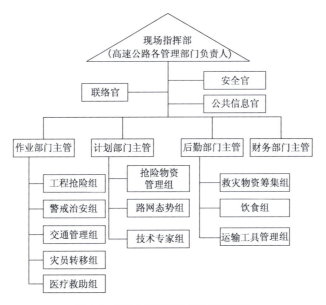

图 9.4　高速公路现场应急组组成结构

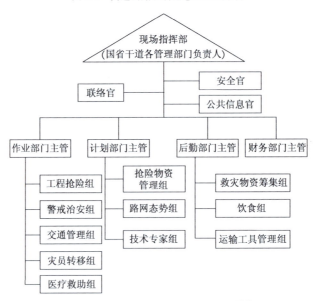

图 9.5　国省干道公路现场应急组组成结构

重大自然灾害下省级交通生命线网络应急保障组人员组成及任务如表 9.1 所示。

第 9 章 重大自然灾害下交通生命线网络应急管理预案

表 9.1 省级应急组织机构人员组成及任务

组别			人员	任务内容
指挥长			交通运输主管部门领导担任	对全省范围内交通生命线网络保障工作负责
办公室	平时		与应急期一致	省级应急保障组的办事机构
	应急期	秘书处	固定职位人员	辅助决策团队开展各项事务
		技术处	固定职位人员	对获取的信息进行初步处理,形成报告报送秘书处,由秘书处递交给指挥团队
		联络处	固定职位人员	向现场应急组传达后方决策建议,向政府及上级主管单位汇报事件控制进展,与其他相关救援机构进行灾害信息共享
后方应急响应机构	高速公路	省交投集团	各职能部门领导	对全省范围内高速公路应急管理进行决策,指导高速公路现场应急组展开工作,并对全省范围内高速公路应急资源进行统一调配
		省路政管理总队		
		省交通警察总队		
	国省干道	省公路局		对全省范围内国省干道应急管理进行决策,指导国省干道现场应急组展开工作,并对县域范围内国省干道应急资源进行统一调配
		省路政管理总队		
		省交通警察总队		
	省运输管理局			对全省范围内的运力进行调配,保障交通生命线网络应急救援过程中的运输需求

续上表

组别			人员	任务内容
高速公路现场应急组织	现场应急响应组	现场指挥长	由指挥部各管理部门领导	对事件现场应急处置事务负责
		现场指挥部	高速公路各管理部门领导	负责确定现场应急处置的目标，并对事件目标进行分级，制定事件目标的战略行动，最大限度地有效利用应急资源
		联络官	现场指挥部等	现场指挥部与各响应部门的连接点
		指挥官	现场指挥部任命	从安全方面审查应急行动方案，评估多部门安全方面行动的协调性，保障现场人员安全
		公共信息官		负责与后方应急响应组织进行信息的上传下达，与事件信息的获取部门进行交互
	作业部门	工程抢险组	基层管理所人员，民工组织等	根据现场情况进行道路抢修
		警戒及交通管理组	交警、路政人员	进行交通管制，车辆疏导，设立各种交通警示标识
		灾员转移组	运输局人员	对现场的滞留灾员进行转移
		医疗救助组	医院人员	对现场灾员进行紧急医疗救助
	计划部门	抢险物资管理组	由指挥部划定	掌握登记事件现场的所有应急物资
		现场态势组	相关专家组成	统一掌握重大自然灾害的具体情况以及工程设施的基本情况，对现场的事件态势进行预测
		技术专家组	高速公路各管理部门人员	为现场应急处置工作提供咨询意见
	后勤部门	物资筹集组	由指挥部划定	联系、获取和装卸各类应急物资
		饮食管理组	运输局人员	提供所有现场应急响应人员的膳食
		运输工具管理组	相关行政人员	筹集和调度运输应急物资、人员和转移灾员的交通工具
	财务部门			管理应急处置过程中使用的经费

第9章　重大自然灾害下交通生命线网络应急管理预案

续上表

组别			人员	任务内容
国省干道现场应急组 / 现场应急组织	现场指挥长		由指挥长任命	对事件现场应急处置事务负责
	现场指挥部		国省干道各管理部门领导	负责确定现场应急处置的目标，并对事件目标进行分级，制定事件目标的战略行动，最大限度地有效利用应急资源
	联络官		现场指挥部任命	现场指挥部与响应部门的连接点
	指挥官		现场指挥部任命	从安全方面审查应急行动方案，评估多部门安全方面行动的协调性，保障现场人员安全
	公共信息官			负责与后方应急响应组织进行信息的上传下达，与事件信息的获取部门进行交互
	作业部门	工程抢险组	基层管理所人员，民工组织等	根据现场情况进行道路抢险抢修
		警戒及交通管制组	交警、路政人员	进行交通管制，车辆疏导，设立各种交通警示标识
		灾员转移组	运输局人员	对现场的滞留灾员进行转移
		医疗救助组	医院人员	对受灾灾员进行紧急医疗救助
	计划部门	抢险物资管理组	由指挥部划定	掌握和登记事件现场的所有应急物资
		现场态势管理组	相关专家组成	统一掌握现场灾害的具体情况以及工程设施的基本情况，对现场的事件态势进行预测
		技术专家组	相关专家组成	为现场应急处置工作提供咨询意见
	后勤部门	物资筹集组	国省干道各管理部门人员	联系、获取和装卸各类应急物资
		饮食组	由指挥部划定	提供所有响应应急人员的膳食
		运输工具管理组	运输局人员	筹集和调度运输应急物资、人员和转移灾民的交通工具
	财务部门		相关行政人员	管理应急处置过程中使用的经费

9.2 重大自然灾害下交通生命线网络应急响应流程研究

9.2.1 应急响应框架结构

应急救援是指在紧急情况发生时,为及时营救人员、疏散撤离现场、减缓事故后果和控制灾情而采取的一系列抢救助行动,其总目标是通过有效的应急救援行动,尽可能地降低事故后果,包括人员伤亡、财产损失和环境破坏等。

应急救援是应急响应的主要内容,由于应急救援的主要工作就是解决实际问题,因此,研究从应急救援的角度提炼重大自然灾害下交通生命线网络应急响应需要解决的若干问题。重大自然灾害下各类突发事件具有自身的生命周期,应急救援需要针对不同事件的发展规律进行,具有一定的逻辑步骤。因此,按照逻辑步骤对重大自然灾害下交通生命线网络系统可能产生的突发问题进行组织,从逻辑的角度构建突发事件应急管理流程。建立重大自然灾害下交通生命线网络应急响应框架,如图9.6所示。

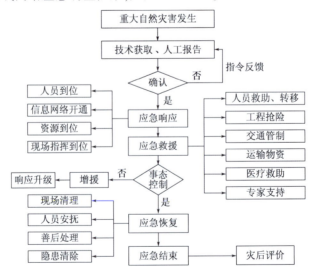

图9.6 重大自然灾害下应急响应框架

(1) 事件信息采集和获取及灾情确认

交通生命线破坏信息的获取有两种方式:技术获取和人工报告。

技术获取是根据重大自然灾害对交通生命线设施破坏的遥感影像学特征,综合移动式公路应急抢险系统采集平台获取的信息,对比正常情况下交通生命线设施的遥感影像,应用图像识别等手段,自动识别搜索匹配道路的破坏情况和破坏范围,然后辅以人工确认,获得交通生命线网络状态信息,以及灾区群众等多方采集的信息,以 GIS-T 为平台进行数据快速融合、研究分析,对交通生命线状态进行快速诊断,确定自然灾害等级。

(2) 应急响应

在确定自然灾害等级、启动响应级别的应急响应后,应急联动参与部门需要第一时间进行响应,成立后方应急响应组织和现场应急保障组,保证人员、资源到位,迅速投入到交通生命线网络的应急处置中。

(3) 资源调度与应急救援

在应急处置过程中,应急领导小组根据交通生命线网络的状态、现场工作组反馈的信息以及现场处置预案和应急通行管理预案,确定工程抢险人员、物资需求,给出抢险人员、物资运输方案、现场处置抢险工程方案以及交通管制方案。各作业小组等根据各方案展开工作,保障交通生命线网络畅通。

(4) 应急恢复

在保障交通生命线网络畅通的基础上,对道路破坏现场进行进一步清理,对道路沿线山体、河流等进行勘察分析,减少次生灾害对交通生命线网络的影响。

(5) 应急结束

应急响应结束的条件为:针对交通生命线网络的紧急处置工作完成;灾害引发的次生灾害的后果基本消除;经过灾情趋势判断,近期无发生较大灾害的可能;灾区基本恢复正常社会秩序。达到上述条件后,由各级应急管理保障组宣布应急响应结束。

(6) 灾后评价

在应急响应结束、所有应急处置工作完成后,应对各项应急预案的实施效果进行评价,以更新预案。

9.2.2 应急响应流程组成

重大自然灾害下交通生命线网络的应急响应流程结构如图9.7所示。本书将重大自然灾害下应急响应流程分为总流程和子流程;其中,总流程是对整个应急响应组织应急过程的描述,子流程是针对主要应急需求的细化。

图9.7 重大自然灾害下交通生命线网络的应急响应流程组成

1. 应急响应流程

(1)政府导向

重大自然灾害发生时,根据重大自然灾害的类型、严重程度和影响范围,各级政府会发布政府应急响应的级别,对权责范围内的应急管理进行统筹指挥。交通系统作为政府的职能部门,其职责是保障交通生命线的畅通,为应急救援工作的开展提供基础保障。因此,当政府发布应急响应时,应启动相应级别的交通生命线网络应急管理组织,成立后方应急保障组和现场应急组,准备随时应对可能发生的突发事件。

(2)灾情导向

重大自然灾害发生后的第一时间,公路管理部门、交警部门的巡查车进行巡查工作,反馈路网实时信息,民众也可通过电话、广播等方式对各类公路交通受损事件进行报警。在政府未发布响应级别的情况下,如果路网大面积受到灾害影响,各级交通生命线应急管理机构应根据路网状态信息成立后方应急保障组,并派相关人员深入现场,成立现场应急组,组织开展应急处置工作。

重大自然灾害下的应急响应流程及说明分别如图9.8、图9.9和表9.2、表9.3所示。

第 9 章 重大自然灾害下交通生命线网络应急管理预案

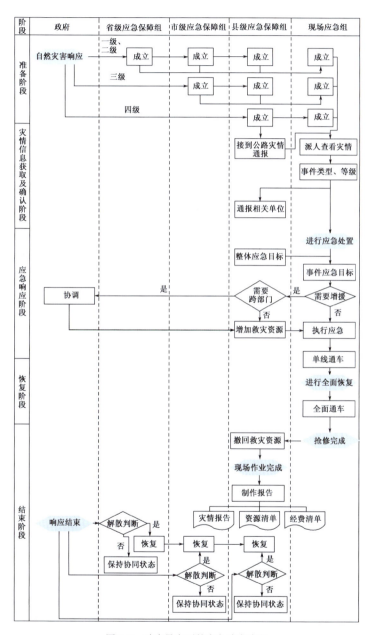

图 9.8 政府导向下的应急响应流程

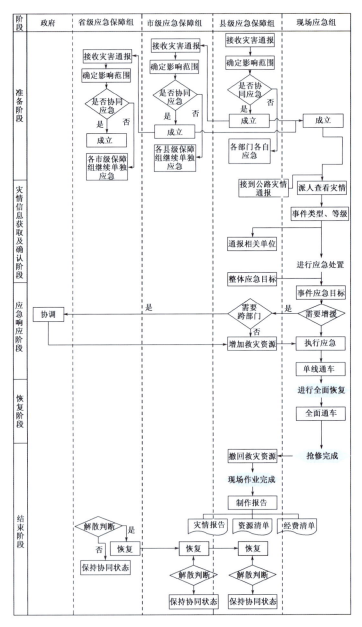

图9.9 灾情导向下的应急响应流程

第 9 章　重大自然灾害下交通生命线网络应急管理预案

表 9.2　政府导向下的应急响应流程说明

阶段	角色	动作	输入	输出
准备阶段	政府	宣布进入响应阶段	地震、泥石流、滑坡、洪水灾害等级	政府应急响应等级
准备阶段	省级保障组	成立	政府一级、二级应急响应	市级应急保障组成立，派出相关人员进驻事件发生地，现场应急组成立
准备阶段	市级保障组	成立	政府三级应急响应，省级保障组成立	县级保障组成立，派出相关人员进驻事件发生地，现场应急组成立
准备阶段	县级保障组	成立	政府四级应急响应，市级保障组成立	派出相关人员进驻事件发生地，现场应急组成立
灾情信息获取、确认阶段	县级应急保障组	接到公路灾情通报	各类公路阻断消息	通知现场应急组派人查看灾情
灾情信息获取、确认阶段	现场应急组	派人查看灾情	应急保障组有关查看灾情的通知	事件基本信息
灾情信息获取、确认阶段	现场应急组	事件类型、等级划分	事件基本信息	事件类型、等级，报送至后方保障组
灾情信息获取、确认阶段	县级应急保障组	通报相关单位	事件类型、等级	相关单位信息获取
应急响应阶段	县级应急保障组	对整体应急目标进行决策	各现场应急组传回的事件信息	整体应急目标，主要为抢通时间
应急响应阶段	现场应急组	事件目标细分	后方应急组确定的整体目标	分阶段抢修方案
应急响应阶段	政府	协调增援	交通生命线系统应急抢险需要其他部门支援	可支援的资源量
应急响应阶段	县级应急保障组	增加资源	交通生命线系统应急抢险需要本系统内资源支援	可支援的资源量
应急响应阶段	现场应急组	执行应急方案	现有资源可以满足抢修目标，支援资源到位	抢修至单线通车

续上表

阶段	角色	动作	输入	输出
恢复阶段	现场应急组	全面通车	事件目标：后方应急组通知抢修至全面恢复通车	抢修至全面恢复通车
	县级应急组	撤回救灾资源	抢修完成，路面清理与设施检测，全面恢复通车	拆除标志，撤回救灾人员、机械等资源，登记使用的资源
	县级应急组	制作报告	现场应急结束	灾情报告，使用资源清单
	政府	解除响应	灾情信息	响应解除通告，进入恢复与重建阶段
	省级保障组	保持协作状态	路网仍处于脆弱状态，需继续保持协作状态	各部门继续响应
	省级保障组	恢复	路网具有较高可靠性，各部门可以解除协作，省级保障组恢复正常运行	相关人员回到各自单位，各单位恢复正常运营
结束阶段	市级保障组	保持协作状态	路网仍处于脆弱状态，省级保障组保持协作状态	各部门继续响应
	市级保障组	恢复	路网具有较高可靠性，各部门可以解除协作，省级保障组保持协作状态	相关人员回到各自单位，各单位恢复正常运营
	县级保障组	保持协作状态	路网仍处于脆弱状态，市级保障组保持协作状态	各部门继续响应
	县级保障组	恢复	路网具有较高可靠性，各部门可以解除协作，市级保障组保持协作状态	相关人员回到各自单位，各单位恢复正常运营

第9章 重大自然灾害下交通生命线网络应急管理预案

表 9.3 灾情导向下的应急响应流程说明

阶段	角色	动作	输入	输出
准备阶段	省级应急保障组	接收灾害通报	市级应急保障组成立	判断路网影响范围
	省级应急保障组	确定影响范围	路网影响范围	各市受影响情况
	省级应急保障组	成立	多个市受到影响,需要成立省级应急保障组,组织全省范围内应急协作	应急保障组成立,派出人员指导现场应急保障组工作
	省级应急保障组	不成立	对各州市路网影响较小,各州市仍可独立应对	各州市继续单独应急,省级各部门提供支援
	市级应急保障组	接收灾害通报	县级应急保障组成立	判断路网影响范围
	市级应急保障组	确定影响范围	路网影响范围	各县受影响情况
	市级应急保障组	成立	多个县受到影响,需要成立省级应急保障组,组织全省范围内应急协作	应急保障组成立,派出人员指导现场应急保障组工作
	市级应急保障组	不成立	对各县路网影响较小,各县仍可独立应对	各县继续单独应急,省级各部门提供支援
	县级应急保障组	接收灾害通报	各种来源的公路阻断信息	灾情信息,路网状态
	县级应急保障组	确定影响范围	灾情信息,路网状态	灾害对路网造成的影响范围
	县级应急保障组	成立	路网可靠性较低	县级应急保障组成立,派出人员指导现场应急保障组工作
	县级应急保障组	不成立	路网可靠性未受大的影响	暂不成立县级应急保障组,各单位单独应急
灾情信息获取、确认阶段	县级应急保障组	接到公路阻断消息	各类公路阻断消息	通知现场应急组派人查看灾情
	现场应急组	派人查看灾情	应急保障组有关查看灾情的通知	事件基本信息
	现场应急组	事件类型、等级划分	事件基本信息	事件类型、等级,报送至后方保障组
	县级应急保障组	通报相关单位	事件类型、等级	相关单位信息获取

续上表

阶段	角色	动作	输入	输出
应急响应阶段	县级应急保障组	对整体应急目标进行决策	各现场应急组传回的事件信息	整体应急目标,主要为抢通时间
	现场应急组	事件目标细分	后方应急组确定的整体目标	分阶段抢修方案
	政府	协调增援	交通生命线系统应急抢险需要其他部门支援	可支援的资源数量
	县级应急保障组	增加资源	交通生命线系统应急抢险需要本系统内资源支援	可支援的资源数量
	现场应急组	执行应急方案	现有资源可以满足抢修目标,支援资源到位	抢修至单线通车
恢复阶段	现场应急组	全面通车	事件目标:后方应急组通知抢修组全面恢复通车	抢修至全面恢复通车
	县级应急保障组	撤回救灾资源	抢修完成,路面清理与设施检测,全面恢复通车	拆除标志,撤回救灾人员、机械等资源,登记使用的资源
	县级应急保障组	制作报告	现场应急结束	灾情报告,使用资源清单,经费清单
结束阶段	省级保障组	保持协作状态	路网仍处于脆弱状态,需继续保持协作状态	各部门继续响应
	省级保障组	恢复	路网恢复高可靠性运行	相关人员回到各自单位,各单位恢复正常运营
	市级保障组	保持协作状态	路网仍处于脆弱状态,需继续保持协作状态;省级保障组保持协作状态	各部门继续响应
	市级保障组	恢复	路网恢复高可靠性运行,可以解除协作状态	相关人员回到各自单位,各单位恢复正常运营
	县级保障组	保持协作状态	路网仍处于脆弱状态,需继续保持协作状态;市级保障组保持协作状态	各部门继续响应
	县级保障组	恢复	路网恢复高可靠性运行,可以解除协作状态	相关人员回到各自单位,各单位恢复正常运营

2. 应急处置流程

重大自然灾害下的应急处置流程及说明分别如图9.10和表9.4所示。

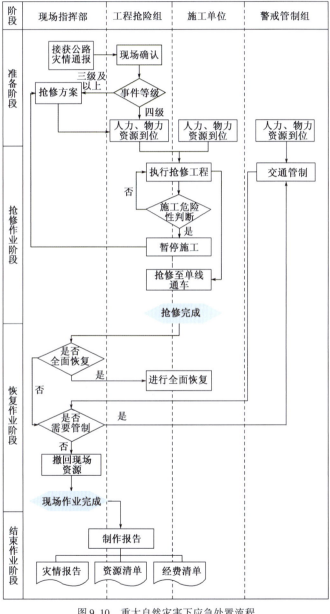

图9.10 重大自然灾害下应急处置流程

表9.4 重大自然灾害下工程抢险流程说明

阶段	角色	动作	输入	输出
准备阶段	现场指挥部	接获公路灾情通报	各方面传送的公路灾情信息	通知工程抢险组进行查看
准备阶段	工程抢险组	现场确认	接到灾情查看通知	事件基本信息
准备阶段	现场指挥部	确定应急方案	事件等级为三级及以上	现场应急方案
准备阶段	工程抢险组	人力、物力资源到位	事件等级为四级,给出抢修方案建议	各项准备工作就绪
准备阶段	施工单位	人力、物力资源到位	现场指挥部通知	各项准备工作就绪
准备阶段	警戒管制组	人力、物力资源到位	事件等级为四级,现场指挥部组织交通管制建议	各项准备工作就绪
抢修作业阶段	工程抢险组、施工单位	执行抢修作业	各项准备工作就绪	立即进行抢修,上报抢修进度
抢修作业阶段	警戒管制组	执行交通管制	各项准备工作就绪	布设各类标志,立即进行交通管制,上报交通流状态,直至应急结束
抢修作业阶段	工程抢险组、施工单位	暂停施工	事件还在发展,施工危险性较高	暂停抢修,上报现场指挥部
抢修作业阶段	现场指挥部	给出应急方案	施工危险性较高	给出安全施工方案
抢修作业阶段	工程抢险组、施工单位	抢修至单线通车	施工危险性较低,可以执行抢修作业	抢修至单线通车为止
抢修作业阶段	工程抢险组、施工单位	进行全面恢复	现场指挥部通知继续进行抢修作业,直至全部恢复通行	抢修至单线全面恢复通车
结束作业阶段	现场指挥部	撤回现场资源	已抢修至单线通车,但现场通行混乱,需要全部交通管制	人力、物力资源撤回
结束作业阶段	警戒管制组	交通管制	已抢修至单线通车,需要交通管制	继续执行交通管制
结束作业阶段	现场应急组	制作报告	现场应急结束	灾情报告,使用资源清单、经费清单

3. 资源调配流程

根据应急组织机构的层次,对资源调配流程进行构建。

(1) 县级应急组织机构下的资源调配流程

县级应急组织机构下的资源调配流程如图9.11所示。在事件目标、应急处置方案传达到现场各部门后,由现场各部门确定其资源需求量,并将需求信息汇总至现场指挥部。现场指挥部根据现有的资源储备量对资源配置进行决策。如果现有的资源储备量无法满足应急需求,由现场指挥部向县级应急保障组申请资源调配。县级保障组根据所有现场应急组织的资源需求情况,对需求紧急程度进行排序,属于一级需求的则优先保证资源供应。若不能满足,由县级应急保障组向县级应急办公室递交资源调配申请,县级办公室在全县范围内进行资源调配并确定运输路径。若资源需求点无法通过公路到达,由市级办公室向当地政府应急办公室递交申请,考虑不同方式的驳接。

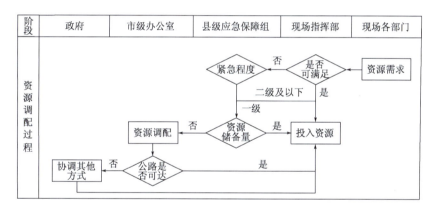

图9.11 县级应急组织机构下的资源调配流程

(2) 市级应急组织机构下的资源调配流程

市级应急组织机构下的资源调配流程如图9.12所示。在事件目标、应急处置方案传达到现场各部门后,由现场各部门确定其资源需求量,并将需求信息汇总至现场指挥部。现场指挥部根据现有的资源储备量对资源配置进行决策。如果现有的资源储备量无法满足应急需求,由现场指挥部向市级应急保障组申请资源调配。市级保障组根据所有现场应急组织的资源需求情况,对需求紧急程度进行排序,属于一级需求的则优先保证资源供应。若不能满足,由市级应急保障组向市级应急办公室递交资源调配申请,市级办公室在全市范围内进行资源调配并确定运输路径。若资源需求点无法通过公路到达,由省级办公室向省政府应急办公室递交申请,考虑不同方式的驳接。

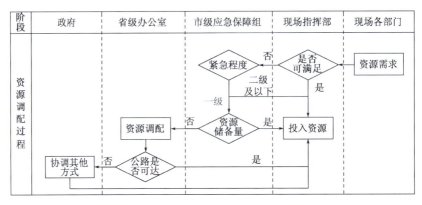

图9.12 市级应急组织机构下的资源调配流程

(3)省级应急组织机构下的资源调配流程

省级应急组织机构下的资源调配流程如图9.13所示。在事件目标、应急处置方案传达到现场各部门后,由现场各部门确定其资源需求量,并将需求信息汇总至现场指挥部。现场指挥部根据现有的资源储备量对资源配置进行决策。如果现有的资源储备量无法满足应急需求,由现场指挥部向省级应急保障组申请资源调配。省级保障组根据所有现场应急组织的资源需求情况,对需求紧急程度进行排序,属于一级需求的则优先保证资源供应。若不能满足,由省级应急保障组向省政府应急办公室递交资源调配申请,省级办公室在全省范围内进行资源调配并协调其他省进行支援。若资源需求点无法通过公路到达,则由省政府与水运、航空等部门进行沟通,考虑不同方式的驳接。

4. 灾员救助转移应急流程

重大自然灾害下与交通生命线网络应急管理相关的灾员救助转移工作主要包括两个方面的内容:①灾区灾民的转移安置需要交通生命线系统的运力保障;②灾后路上滞留人员的转移救助需要交通生命线应急管理人员的支援。因此,从以上两个方面对重大自然灾害下灾员救助转移的应急流程进行构建。

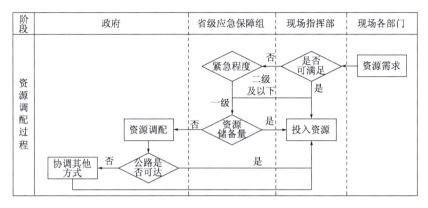

图 9.13 省级应急组织机构下的资源调配流程

(1)灾民转移安置流程

灾民转移安置流程及说明分别如图 9.14 和表 9.5 所示。

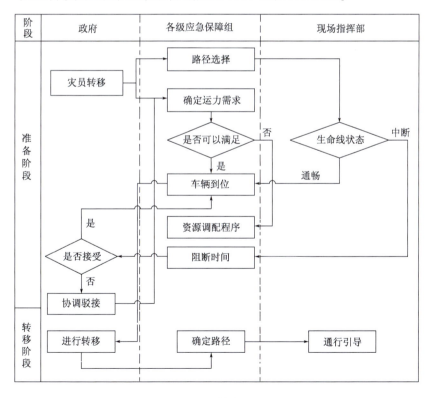

图 9.14 灾民转移安置流程

灾民转移安置流程说明　　　　　　　　　　　　　　　　表9.5

阶段	角色	动作	输入	输出
准备阶段	政府	灾员转移	灾区受灾情况	转移的人员数目,转移目的地
	各级应急保障组	路径选择	转移人员数目、目的地	备选路径
	各级应急保障组	确定运力需求	转移人员数目、目的地	所需车辆数
	各级应急保障组	车辆到位	运力需求可以满足,并且所选路径畅通;运力需求可以满足,并且阻断时间可以接受	规定时间内到达指定地点,准备进行转移
	各级应急保障组	资源调配	运力无法满足需求	进入资源调配程序
	各级应急保障组	阻断时间判断	生命线中断	向政府进行反馈
	政府	协调驳接	不能接受阻断时间	驳接路径
	各级应急保障组	确定运力需求	驳接路径,转移人员数	所需车辆数
转移阶段	政府	进行转移	车辆到位	通知执行转移
	各级应急保障组	确定路径	收到转移安置通知	确定行驶路径,通知现场指挥部进行通行引导
	现场指挥部	通行引导	行驶路径	通行引导至转移结束

（2）滞留灾员疏散流程

滞留灾员疏散流程如图9.15所示。

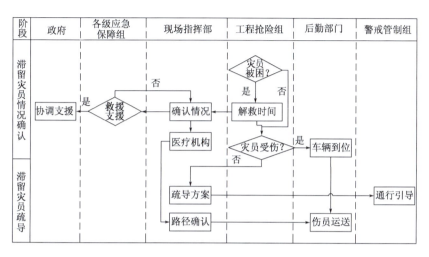

图9.15 滞留灾员疏散流程

对滞留灾员疏散流程说明如下：

①现场指挥部接获公路灾情信息后，由工程抢险组的人员查看灾情，确认是否有人员被困。

②如果有人员被困，由工程抢险人员判断解救时间，并通过各种通信方式传回现场指挥部。

③现场指挥部确认情况后，一方面通知医疗部门进行救援，另一方面将信息上报到后方应急保障组，由后方应急保障组判定是否需要通过其他方式解救被困人员。如果确认需要解救，由后方应急保障组制定解救方案，并报送至政府进行跨部门协调；如果不需要解救支援，则向现场指挥部反馈信息。

④如果现场有滞留灾员受伤，则由后勤部门准备车辆进行受伤人员的转移。

⑤如果现场无人员被困及受伤，则由现场指挥部给出滞留车辆疏导方案，由警戒管制组进行执行。

5. 信息发布流程

信息发布流程及说明分别如图9.16和表9.6所示。

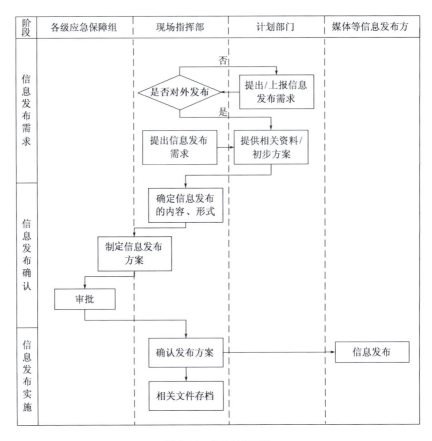

图 9.16 信息发布流程

信息发布流程说明 表 9.6

阶段	角色	动作	输入	输出
信息发布需求阶段	计划部门	提出/上报发布需求	现场各工作组的状况	信息发布需求报告
	现场指挥部	判断是否需要发布	信息发布需求报告	判断结果
	现场指挥部	提出信息发布需求	交通生命线网络状态	信息发布需求
	计划部门	提供相关资料/初步方案	信息对外发布	相关资料/初步方案

续上表

阶段	角色	动作	输入	输出
信息发布确认阶段	现场指挥部	确定信息发布的内容、形式	相关资料/初步方案	信息发布内容、形式
	现场指挥部	制定信息发布方案	信息发布的内容、形式	信息发布方案
	各级应急保障组			
	各级应急保障组	审批	信息发布方案	审批结果
信息发布实施阶段	现场指挥部	确认发布方案	审批结果：同意发布	将信息传达至信息发布方
	媒体等信息发布方	发布信息	信息发布方案	各类信息成功发布

9.3 应急管理预案制定

重大自然灾害下公路交通的应急管理需要交通运输主管部门按照应急法律、法规,将公路、路政、运输等下属职能部门和相关资源(如车辆、物资、人员等)纳入一个统一的系统,建立应急联动中心和相应的应急组织架构,将各类应急资源进行合理布局和调度,依靠应急信息平台和先进的应急救援技术,对公路交通系统内的危险源进行监测预控,对突发事件的应急救援进行分类、分级,按不同级别开展应急指挥和调度,协调指挥各相关部门,向社会公众提供紧急救助服务的联合行动。因此,重大自然灾害下交通生命线网络的应急救援工作是一项复杂的需要预先有完善准备的系统工程。实践证明,在重大自然灾害发生后,完善的应急预案体系能够保证对突发事件实施有效的控制,防止次生灾害的发生,减轻对人员和财产的影响。

9.3.1 应急管理预案制定原则

重大自然灾害下交通生命线网络应急管理预案的制定原则如下。

1. 完备性

重大自然灾害下交通生命线网络应急管理预案应具有完备性,即结构完整且设计合理,便于在应急状态下迅速查找到需要的信息。概括而言,重大自然灾害下交通生命线网络应急管理预案的完备性主要体现在文件体系完备、功能(职能)完备、应急过程完备、适用范围完备。

2. 逻辑性

在体系完备的前提下,重大自然灾害下的应急预案还要具有逻辑性,即保证预案内容描述前后一致,避免出现相互矛盾或冲突的情况。重大自然灾害下的应急救援工作是一项科学性很强的工作,制定的应急预案也必须以科学的态度,在全面调查研究的基础上,开展科学分析和论证,制定出科学的决策程序和处置方案。

3. 可操作性

重大自然灾害下交通生命线网络应急管理预案应具有较强的可操作性。在实际的应急行动中,应急预案是应急决策者、应急指挥者和各应急处置力量采取行动的依据。因此,应急预案必须能够尽可能具体地提供便于应急行动的信息,如应急响应程序、应急资源分布、应急机构响应职责等。为确保应急预案的可操作性,在预案制订过程中需要充分分析、评估可能存在的重大危险及其后果,并结合现有的应急能力,对应急过程中的一些关键信息,如潜在重大危险及后果分析、支持保障条件、决策、指挥与协调机制等,进行详细而系统的描述。同时,各责任方应确保应急行动所需资源得到满足,保证应急预案的顺利实施。

4. 指导性

应急预案定义的核心字眼是指导性文件,因此应急预案的指导性是其所需要达到的终极目标。为了更好地体现预案的指导性,需要在保证前面三个基本要素的基础上,尽可能提供各种事态情况下应急指挥者做出决策的依据,同时提供各种事态下的实施方案等。

5. 符合性

重大自然灾害下交通生命线网络应急管理预案内容应符合国家相关法律、法规、标准的要求,如《中华人民共和国突发事件应对法》《国家突发事件总体应急预案》《公路交通突发事件应急预案》等。

6. 衔接性

重大自然灾害下交通生命线网络突发事件一旦超出交通领域内的应急能力,则需要社会及政府的应急援助。因此,重大自然灾害下的交通生命线网络应急管理预案必须与当地政府的预案有效衔接,确保应急救援工作的成效。同时,在预案内容上也应考虑衔接问题,如发生事件后的及时上报、向政府的救援请求、外部应急救援队伍到现场后的协同作战等。

9.3.2 重大自然灾害的分级标准

重大自然灾害下交通生命线网络的安全畅通是灾后各类救援工作顺利展开的基础。因此,应急管理工作应与现有的各类应急预案紧密衔接,从而提高应急响应的效率。

9.3.2.1 现有灾害的分级标准

对与重大自然灾害灾后救援相关的各类规范、应急预案中事件的分级汇总如下。

(1)《国家突发公共事件总体应急预案》

《国家突发公共事件总体应急预案》适用于涉及跨省级行政区划或超出事发地省级人民政府处置能力的特别重大突发公共事件应对工作。

《国家突发公共事件总体应急预案》是全国应急预案体系的总纲,明确了各类突发公共事件分级、分类和预案框架体系,规定了国务院应对特别重大突发公共事件的组织体系、工作机制等内容,是指导预防和处置各类突发公共事件的规范性文件。该预案所称的突发公共事件是指突然发生,造成或者可能造成重大人员伤亡、财产损失、生态环境破坏和严重社会危害,危及公共安全的紧急事件。

《国家突发公共事件总体应急预案》将突发公共事件主要分为4类,即自然灾害、事故灾难、公共卫生事件、社会安全事件;按照其性质、严重程度、可控性和影响范围等因素分成4级,特别重大的是Ⅰ级,重大的是Ⅱ级,较大的是Ⅲ级,一般的是Ⅳ级。但是具体的划分标准并未提及。

(2)《国家自然灾害救助应急预案》

《国家自然灾害救助应急预案》启动条件为:某一省(自治区、直辖市)行政区域内,发生水旱灾害,台风、冰雹、雪、沙尘暴等气象灾害,山体崩塌、滑坡、泥石流等地质灾害,风暴潮、海啸等海洋灾害,森林、草原火灾和重大生物灾害等自然灾害,一次灾害过程出现下列情况之一的:因灾死亡30人以上;因灾紧急转移安置群众10万人以上;因灾倒塌房屋1万间以上;发生5级以上破坏性地震,造成20人以上人员死亡或紧急转移安置群众10万人以上或房屋倒塌和严重损坏1万间以上。

《国家自然灾害救助应急预案》实行分级响应机制,各级响应的启动标准如表9.7所示。

《国家自然灾害救助应急预案》分级响应标准　　表9.7

等级	Ⅰ级	Ⅱ级	Ⅲ级	Ⅳ级
分级标准	某一省(自治区、直辖市)行政区域内,发生特别重大自然灾害,一次灾害过程出现下列情况之一的: a. 死亡200人以上; b. 紧急转移安置或需紧急生活救助100万人以上; c. 倒塌和严重损坏房屋20万间以上; d. 干旱灾害造成缺粮或缺水等生活困难,需政府救助人数占农牧业人口30%以上,或400万人以上	某一省(自治区、直辖市)行政区域内,发生重大自然灾害,一次灾害过程出现下列情况之一的: a. 死亡100人以上、200人以下; b. 紧急转移安置或需紧急生活救助80万人以上、100万人以下; c. 倒塌和严重损坏房屋15万间以上、20万间以下; d. 干旱灾害造成缺粮或缺水等生活困难,需政府救助人数占农牧业人口25%以上,或300万人以上	某一省(自治区、直辖市)行政区域内,发生重大自然灾害,一次灾害过程出现下列情况之一的: a. 死亡50人以上、100人以下; b. 紧急转移安置或需紧急生活救助30万人以上、80万人以下; c. 倒塌和严重损坏房屋10万间以上、15万间以下; d. 干旱灾害造成缺粮或缺水等生活困难,需政府救助人数占农牧业人口20%以上,或200万人以上	某一省(自治区、直辖市)行政区域内,发生重大自然灾害,一次灾害过程出现下列情况之一的: a. 死亡30人以上、50人以下; b. 紧急转移安置或需紧急生活救助10万人以上、30万人以下; c. 倒塌房屋和严重损坏房屋1万间以上、10万间以下; d. 干旱灾害造成缺粮或缺水等生活困难,需政府救助人数占农牧业人口15%以上,或100万人以上

(3)《公路交通突发事件应急预案》

《公路交通突发事件应急预案》适用于涉及跨省级行政区划或超出事发地省级交通运输主管部门处置能力的,或由国务院责成的,需要由交通运输部负责处置的特别重大(Ⅰ级)公路交通突发事件的应对工作,以及需要由交通运输部提供公路交通运输保障的其他紧急事件。本预案中公路交通突发事件分级如表9.8所示。

公路交通突发事件级别 表9.8

等级	Ⅰ级(特别严重)	Ⅱ级(严重)	Ⅲ级(较重)	Ⅳ级(一般)
分级标准	因突发事件可能导致国家干线公路交通毁坏、中断、阻塞或者大量车辆积压、人员滞留,通行能力影响周边省份,抢修、处置时间预计在24h以上; 因突发事件可能导致重要客运枢纽运行中断,造成大量旅客滞留,恢复运行及人员疏散预计在48h以上	因突发事件可能导致国家干线公路交通毁坏、中断、阻塞或者大量车辆积压、人员滞留,抢修、处置时间预计在12h以上; 因突发事件可能导致重要客运枢纽运行中断,造成大量旅客滞留,恢复运行及人员疏散预计在24h以上	分级条件由省级交通运输主管部门负责,结合地方特点确定	

(4)《地质灾害分类分级》

《地质灾害分类分级》适用于国家、省、地(市)、县自然资源管理部门对地质灾害进行分级、分区管理以及项目管理,也适用于地质灾害勘察、防治部门进行地质灾害勘察立项设计、监测预警等方面。

以等级的方式划分一次地质灾害事件的活动程度或破坏损失程度。根据灾害活动的强度、规模、速度等指标反映地质灾害的活动程度即为灾变等级,根据地质灾害造成的人员伤亡、直接经济损失等指标反映地质灾害破坏损失程度即为灾度等级,具体划分如表9.9、表9.10所示。

地质灾害灾变等级分级 表9.9

灾种	指标	灾变等级			
		特大型	大型	中型	小型
崩塌(危岩)	体积($10^4 m^3$)	>100	100~10	10~1	<1
滑坡	体积($10^4 m^3$)	>1000	1000~100	100~10	<10
泥石流	堆积物体积($10^4 m^3$)	>100	100~10	10~1	<1
岩溶塌陷	影响范围(km^2)	>20	20~10	10~1	<1
地裂缝	影响范围(km^2)	>10	10~5	5~1	<1
地面沉降	沉降面积(km^2)	>500	500~100	100~10	<10
	最大累计沉降量(m)	2.0~1.0	1.0~0.5	0.5~0.1	<0.1

续上表

灾种指标		灾变等级			
		特大型	大型	中型	小型
海水入侵	入侵范围（km²）	>500	500~100	100~10	<10
	地下水氯离子最高含量（mg/L）	>1000	1000~800	800~500	500~50

地质灾害灾度等级分级 表9.10

指标		特大灾害（Ⅰ级灾害）	大灾害（Ⅱ级灾害）	中灾害（Ⅲ级灾害）	小灾害（Ⅳ级灾害）
伤亡人数（人）	死亡	>100	100~10	10~1	0
	重伤	>150	150~20	20~5	<5
直接经济损失（万元）		>1000	1000~500	500~50	<50
直接威胁人数（人）		>500	500~100	100~10	<10
灾害期望损失（万元/a）		>5000	5000~1000	1000~100	<100

注：经济损失值为90年不变价格。

(5)《云南省人民政府突发公共事件总体应急预案》

《云南省人民政府突发公共事件总体应急预案》适用于在云南省范围内发生的突发公共事件的预防和处置，以及发生在其他省区或者境外，但对云南省可能造成影响的突发公共事件的预防和处置。

依据突发公共事件的影响范围和严重程度，云南省突发公共事件分为4级，从轻到重依次为一般、较大、重大、特别重大。划分标准如表9.11所示。

云南省突发公共事件分级 表9.11

等级	一般（Ⅳ级）	较大（Ⅲ级）	重大（Ⅱ级）	特别重大（Ⅰ级）
分级标准	一个县（市、区）行政区域内发生或可能发生造成人员伤亡、财产损失、生态环境破坏、影响社会稳定的突发公共事件	一个州（市）行政区域内发生或可能发生造成较大人员伤亡、财产损失、生态环境破坏和影响社会稳定的突发公共事件	州（市）人民政府所在地城市或一个以上州（市）行政区域内发生或可能发生造成严重的人员伤亡、财产损失、生态环境破坏和影响社会稳定的突发公共事件	省会城市或全省行政区域范围内发生或者可能发生造成特别严重的人员伤亡、财产损失、生态环境破坏和影响社会稳定的突发公共事件

(6)《云南省重特大自然灾害救助应急预案》

《云南省重特大自然灾害救助应急预案》将自然灾害划分为4级,如表9.12所示。该预案仅对特别重大自然灾害和重大自然灾害进行响应。

自然灾害的等级划分　　　　　　　　　　　　表9.12

等级	Ⅰ级(特大自然灾害)	Ⅱ级(严重)	Ⅲ级(较重)	Ⅳ级(一般)
分级标准	在一个州(市)行政区域内一次性灾害过程造成以下一种或几种后果: a.灾区死亡人数50人以上(含失踪); b.紧急转移安置5万人以上; c.倒塌房屋2万间以上,损坏房屋5万间以上	在一个州(市)行政区域内一次性灾害过程造成以下一种或几种后果: a.灾区死亡人数10~50人(含失踪); b.紧急转移安置3万~5万人; c.倒塌房屋1万~2万间,损坏房屋3万~5万间	一个州(市)行政区域内一次性灾害过程损失小于上述两款所述情况,因灾死亡人数在5~10人的	一次性灾害造成的损失较小,因灾死亡人数在5人以下的

(7)《云南省气象灾害应急预案》

《云南省气象灾害应急预案》适用于云南省范围内暴雨、暴雪、寒潮、干旱、雷电、大风、低温、高温、霜冻、冰冻、大雾等气象灾害事件的防范和应对。该预案中与生命线项目相关的气象灾害分级如表9.13所示。

云南省气象灾害分级　　　　　　　　　　　　表9.13

等级	Ⅰ级预警	Ⅱ级预警	Ⅲ级预警	Ⅳ级预警
暴雨 (24h内累计降水量达50mm或以上,或者12h内累计降水量达30mm以上。24h内累计降水量≥100mm且≤250mm的为大暴雨,24h内累计降水量≥250mm的为特大暴雨)	过去48h 3个及以上州(市)大部分地区持续出现日雨量50mm以上降雨,且上述地区有日雨量超过100mm的降雨,未来24h上述地区仍将出现50mm以上降雨	过去24h 3个及以上州(市)大部分地区持续出现日雨量50mm以上降雨,且上述地区有日雨量超过100mm的降雨,未来24h上述地区仍将出现50mm以上降雨	过去24h 3个及以上州(市)大部分地区持续出现日雨量25mm以上降雨,且上述地区有日雨量超过50mm的降雨,未来24h上述地区仍将出现50mm以上降雨	预计未来3个及以上州(市)大部分地区将出现50mm以上降雨,或已经出现并可能持续

续上表

等级	Ⅰ级预警	Ⅱ级预警	Ⅲ级预警	Ⅳ级预警
暴雪	过去48h 2个及以上州(市)大部分地区出现25mm以上降雪,预计未来24h上述地区仍将出现10mm以上降雪	过去24h 2个及以上州(市)大部分地区出现10mm以上降雪,预计未来24h上述地区仍将出现5mm以上降雪;或者预计未来24h 2个及以上州(市)大部分地区将出现15mm以上降雪	过去24h 2个及以上州(市)大部分地区出现5mm以上降雪,预计未来24h上述地区仍将出现5mm以上降雪;或者预计未来24h 2个及以上州(市)大部分地区将出现10mm以上降雪	预计未来24h 2个及以上州(市)大部分地区将出现5mm以上降雪,且有成片超过10mm的降雪

(8)《云南省地质灾害应急预案》

《云南省地质灾害应急预案》适用于处置云南省行政区域内因自然因素或者人为活动引发的危害人民生命和财产安全的山体崩塌、滑坡、泥石流、地面塌陷等与地质作用有关的地质灾害。该预案对地质灾害险情和地质灾害灾情的分级如表9.14所示。

云南省地质灾害险情和地质灾害灾情分级　　表9.14

等级	Ⅰ级(特大型)	Ⅱ级(大型)	Ⅲ级(中型)	Ⅳ级(小型)
地质灾害险情	受灾害威胁,需搬迁转移人数在1000人以上,或潜在可能造成经济损失在1亿元以上的	受灾害威胁,需搬迁转移人数在500人以上、1000人以下,或潜在可能造成经济损失在5000万元以上、1亿元以下的	受灾害威胁,需搬迁转移人数在100人以上、500人以下,或潜在可能造成经济损失在500万元以上、5000万元以下的	受灾害威胁,需搬迁转移人数在100人以下,或潜在可能造成经济损失在500万元以下的
地质灾害灾情	因灾死亡30人以上,或因灾造成直接经济损失1000万元以上的	因灾死亡10人以上、30人以下,或因灾造成直接经济损失500万元以上、1000万元以下的	因灾死亡3人以上、10人以下,或因灾造成直接经济损失100万元以上、500万元以下的	因灾死亡3人以下,或因灾造成直接经济损失100万元以下的

(9)《云南省破坏性地震应急预案》

为了保证地震应急工作高效、有序地进行,云南省地震局制定了《云南省破坏性地震应急预案》。该预案对破坏性地震的分级如表9.15所示,其中5.0级以下地震由当地人民政府按照本地区应急预案负责。

云南省破坏性地震级别划分 表9.15

级别	一般破坏性地震	严重破坏性地震	特大破坏性地震
分级标准	省内地震5.0~5.9级、造成一定数量人员伤亡和经济损失(指标低于严重破坏性地震)	省内地震6.0~6.9级、造成较多人员伤亡、直接经济损失达到省内上年国内生产总值1%~5%的地震	省内地震7.0级以上、造成大量人员伤亡、直接经济损失超过全省上年国内生产总值5%以上

(10)《云南省交通运输厅防御自然灾害应急预案》《云南省交通运输厅汛期灾害防御应急预案》

为了做好自然灾害发生时公路、桥梁、码头、航道等基础设施的抢险保通工作,提高云南省交通基础设施抗御自然灾害的防御和应急反应能力,最大限度地减轻灾害造成的损失,保障各级交通安全畅通,云南省交通运输厅制定了《云南省交通运输厅防御自然灾害应急预案》以及《云南省交通运输厅汛期灾害防御应急预案》,其启动条件为:云南省境内某州(市)所辖的公路、水路上发生自然灾害,公路边坡大范围坍塌,泥石流暴发,路基大范围沉落,山体滑坡、隧道塌方等自然灾害造成交通中断2天。

从以上自然灾害分级中可以看出,各层次的突发公共事件总体预案以及《公路交通突发事件应急预案》作为预案编制的依据,已给出了事件分级的基本标准,但是在重大自然灾害方面分级不够具体。对重大自然灾害更为关注的气象灾害应急预案、地质灾害应急预案以及破坏性地震应急预案,对自然灾害的分级也多从生命及财产损失的方面考虑,不适用于自然灾害下道路交通的应急抢通与救援。因此,参照各层次的突发事件总体应急预案和《公路交通突发事件应急预案》以及各类规范、标准的规定,结合《云南省交通运输信息报告和处理办法》,以及灾后交通生命线网络应急管理的特点,确定重大自然灾害下交通生命线网络突发事件分级标准。

9.3.2.2 重大自然灾害下交通生命线网络突发事件分级标准

重大自然灾害下交通生命线网络突发事件按照其性质、严重程度、可控性和影响范围等因素,将其分为4级,即Ⅰ级(特别重大)、Ⅱ级(重大)、Ⅲ级(较大)和Ⅳ级(一般),划分标准如下。

1. Ⅰ级(特别重大)突发事件

(1)交通生命线网络损毁类

当遇到下列情况之一,导致或可能导致高速公路、国道、省道主干线中断,处置、抢修时间预计需要48h以上,通行能力影响周边省份;或急需国务院或交通运输部、省应急指挥中心出面协调有关地方、部门或军队、武警部队共同组织援救的;或需要国务院、交通运输部或省应急指挥机构负责处置、修复,需要国务院、交通运输部或省应急指挥机构组织实施国家紧急物资运输、交通防疫措施时确保公路安全畅通的;或需要省交通运输厅统一协调、指挥各方面资源和力量确保公路安全畅通以响应处置的其他突发事件,包括:

①国家或省级应急保障组发布Ⅰ级预警或响应时。

②大江大河干流水位超过警戒水平,堤防出现重大险情或决口,水库出现重大险情或垮坝,暴雨引起重大山体滑坡,突降暴雪或长时间浓雾等恶劣天气,可能造成高速公路、国道主干线严重毁坏、中断。

③大中城市或人口密集地区发生6.5级以上地震,或者造成公路、桥梁、隧道中断,或重大人员伤亡和巨大经济损失,需国家提供紧急物资运输救援时保证公路畅通。

(2)交通运输保障类

国家或省应急指挥中心发布Ⅰ级预警或出现特别重大公共突发事件需要交通运输保障响应的,或按照交通运输部或省应急指挥中心的指令组织实施国家紧急物资运输或交通防疫措施的公共突发事件,包括:

①大江大河干流水位超过警戒水平,堤防出现重大险情或决口,水库出现重大险情或垮坝,暴雨引起重大山体滑坡,突降暴雪或长时间浓雾等恶劣天气,需要实施紧急物资运输或抢险、疏散人员运输保障。

②大中城市或人口密集地区发生6.5级以上地震,或者造成公路、桥梁、隧道中断,或重大人员伤亡和巨大经济损失时,需要提供紧急物资运输救援或抢险、疏散人员运输。

③因山体崩塌、滑坡、泥石流、地面塌陷、地裂缝等灾害造成30人以上死亡,或直接经济损失1000万元以上的地质灾害。

④受地质灾害威胁,需转移人数在1000人以上,或潜在可能造成的经济

损失在 1 亿元以上的灾害险情。

2.Ⅱ级(重大)突发事件

(1)交通生命线网络损毁类

当遇到下列情况之一,导致或可能导致高速公路、国道、省道主干线中断,处置、抢修时间预计需要 48h 以内、24h 以上,通行能力影响在本省范围以内;急需省交通运输厅负责组织实施紧急物资运输或交通防疫措施时确保公路安全畅通的;需要省应急指挥中心或省交通运输厅统一协调、指挥各方面资源和力量确保公路安全畅通以响应处置的其他突发公共事件,包括:

①省应急指挥中心发布Ⅱ级预警或响应时。

②大江大河干流水位超过警戒水平,堤防出现重大险情或决口,水库出现重大险情或垮坝,洪水泛滥致使城市及人口聚集的村镇受淹,出现暴雪或浓雾等恶劣天气,可能造成省内国道、高速公路中断。

③重要城市人口密集地区发生 4.0 级以上(含 4.0 级)地震,震级未达到上述标准但可能造成 30 人以下、10 人以上死亡和重大财产损失或严重影响的地震。

(2)交通运输保障类

省应急指挥中心发布Ⅱ级预警或出现重大公共突发事件需要交通运输保障响应的,或按照省应急指挥中心的指令,由省交通运输厅组织实施紧急物资运输或交通防疫措施的公共突发事件,包括:

①大江大河干流水位超过警戒水平,堤防出现重大险情或决口,水库出现重大险情或垮坝,洪水泛滥致使城市及人口聚集的村镇受淹,出现暴雪或浓雾等恶劣天气,需要实施紧急物资运输或抢险、疏散人员运输保障。

②重要城市人口密集地区发生 4.0 级以上(含 4.0 级)地震;震级未达到上述标准但可能造成 30 人以下、10 人以上死亡和重大财产损失或严重影响的地震时,需要提供紧急物资运输救援或抢险、疏散人员运输。

③因山体崩塌、滑坡、泥石流、地面塌陷、地裂缝等灾害造成 10 人以上、30 人以下死亡,或因灾害造成直接经济损失 500 万元以上、1000 万元以下的地质灾害。

④受地质灾害威胁需转移人数在 500 人以上、1000 人以下,或潜在经济

损失5000万元以上、1亿元以下的灾害险情。

3.Ⅲ级(较大)突发事件

(1)交通生命线网络损毁类

当遇到下列情况之一,导致或可能导致公路交通中断,处置、修复时间预计需要24h以内、12h以上,通行能力影响在本市内;急需市级交通运输主管部门组织处置、修复及相关工作,或急需市级交通运输主管部门组织实施紧急物资运输、交通防疫措施时确保公路安全畅通;或需要市应急指挥中心协调、指挥各方面资源和力量确保公路安全畅通以响应处置的其他突发公共事件,包括:

①市级应急指挥中心发布Ⅲ级预警或响应时。

②大江大河干流水位超过警戒水平,堤防出现重大险情或决口,水库出现重大险情或垮坝,洪水泛滥致使城市及人口聚集的村镇受淹,出现暴雪或浓雾等恶劣天气,可能造成本市范围内国道、高速公路中断。

③重要城市人口密集地区发生4.0级以下(含4.0级)地震,震级未达到上述标准但可能造成10人以下、3人以上死亡和重大财产损失或严重影响的地震。

(2)交通运输保障类

市级应急指挥中心发布Ⅲ级预警或出现较大公共突发事件需要交通运输保障响应的,或按照市级应急指挥中心的指令,由市交通运输主管部门组织实施紧急物资运输或交通防疫措施的公共突发事件,包括:

①大江大河干流水位超过警戒水平,堤防出现重大险情或决口,水库出现重大险情或垮坝,洪水泛滥致使城市及人口聚集的村镇受淹,出现暴雪或浓雾等恶劣天气,本市可以实施紧急物资运输或抢险、疏散人员运输保障。

②重要城市人口密集地区发生4.0级以下(含4.0级)地震;震级未达到上述标准但可能造成10人以下、3人以上死亡和重大财产损失或严重影响的地震时,本市可以提供紧急物资运输救援或抢险、疏散人员运输。

③因山体崩塌、滑坡、泥石流、地面塌陷、地裂缝等灾害死亡3人以上、10人以下,或因灾造成直接经济损失100万元以上、500万元以下的中型地质灾害灾情。

④受灾害威胁,需搬迁转移人数在100人以上、500人以下,或潜在可能造成经济损失在500万元以上、5000万元以下的中型地质灾害险情。

4. Ⅳ级(一般)突发事件

(1)交通生命线网络损毁类

当遇到下列情况之一,导致或可能导致公路交通中断,处置、修复时间预计需要12h以内,通行能力影响在本县内;急需县级交通运输主管部门组织处置、修复及相关工作,或急需县级交通运输主管部门组织实施紧急物资运输、交通防疫措施时确保公路安全畅通;或需要县应急指挥中心协调、指挥各方面资源和力量确保公路安全畅通以响应处置的其他突发公共事件,包括:

①市级或县级应急指挥中心发布Ⅳ级预警或响应时。

②大江大河干流水位超过警戒水平,堤防出现重大险情或决口,水库出现重大险情或垮坝,洪水泛滥致使城市及人口聚集的村镇受淹,出现暴雪或浓雾等恶劣天气,可能造成本县范围内国道、高速公路中断。

③重要城市人口密集地区发生4.0级以下(含4.0级)地震,震级未达到上述标准但可能造成3人以下死亡和重大财产损失或严重影响的地震。

(2)交通运输保障类

县级应急指挥中心发布Ⅳ级预警或出现一般公共突发事件需要交通运输保障响应的,或按照县级应急指挥中心的指令,由县级交通运输主管部门组织实施紧急物资运输或交通防疫措施的公共突发事件,包括:

①大江大河干流水位超过警戒线,堤防出现重大险情或决口,水库出现重大险情或垮坝,洪水泛滥致使城市及人口聚集的村镇受淹,出现暴雪或浓雾等恶劣天气,本县可以实施紧急物资运输或抢险、疏散人员运输保障的。

②人口密集地区发生4.0级以下(含4.0级)地震;震级未达到上述标准但可能造成3人以下死亡和重大财产损失或严重影响的地震时,本县可以提供紧急物资运输救援或抢险、疏散人员运输。

③因山体崩塌、滑坡、泥石流、地面塌陷、地裂缝等灾害死亡3人以下,或因灾造成直接经济损失100万元以下的小型地质灾害灾情。

④受灾害威胁,需搬迁转移人数在100人以下,或潜在可能造成经济损失在500万元以下的小型地质灾害险情。

9.3.3　应急管理预案运行机制

应急预案则是应急行动计划,对应急响应主体、响应程序和响应规则在突发事件发生之前即做出安排与明确,它是应急响应的操作手册,直接决定了应急响应的行动方案与行动后果。运行机制解决的是应急响应程序的问题,包括预防与应急准备机制、监测与预警机制、响应机制和保障机制等。

1. 预防与应急准备机制

预防与应急准备机制应该立足于平常行政,将那些在日常工作中长期实行、行之有效的制度纳入其中,其核心就是进行危险源的调查和评估,并及时采取相应措施。对于公路交通而言,这种危险源的调查与评估实质是一种脆弱性评估,即对那些容易发生问题的危桥险段和薄弱环节进行检查与整改。

2. 监测与预警机制

对于公路管理部门而言,监测与预警机制的核心就是随时掌握所辖公路路网的运行情况,这一任务主要由应急值班室完成。应急值班室应设立统一、便于记忆的值班电话,并向社会公众公开,对于接收的各种报警信息,应及时向省厅应急指挥中心报告。同时,应急值班室需要接收来自气象、水利、地质等部门的预警信息,掌握对公路交通可能造成严重影响的自然灾害信息。因此,监测的信息来源既可以来源于报警信息,也可以来源于其他部门发布的预警信息。

预警机制的具体内容包括三个方面:一是预警级别制度,二是预警警报的发布权制度,三是预警发布后应采取的措施。按照规定,各级人民政府才有发布警报的权力,因此,对于云南省境内的各种突发事件,只有云南省人民政府才有发布Ⅰ级预警的权力。发布预警的根本目的是对相应的应急措施进行授权,尤其是Ⅰ级、Ⅱ级警报,通常意味着要采取转移、疏散等强制措施,这通常超出了平常行政权力许可范围。这种授权并不能通过应急预案等行政指导文件来完成,而是依据《中华人民共和国突发事件应对法》,从法律层面进行授权。在实践中,具体的运行机制为气象、水利、地质等部门预警信息经由省人民政府发布,如果可能导致公路路网中断24h以上、48h以内的公路交通突发事件,云南省交通运输厅可提请省人民政府发布公路交通突发事件Ⅱ级预警,并采取相应措施。

3. 响应机制

重大自然灾害下交通生命线网络应急管理预案的启动机制有以下三种。

(1) 当公路路网中断时间达到预案启动条件时，启动相应级别的预案

这是分级响应的第一种工作机制，这也意味着当云南省境内发生Ⅰ级公路交通突发事件时，启动省级交通生命线网络应急管理预案。这与我国四级响应机制（国家、省、市、县）的原理一致，当Ⅰ级突发公共事件发生时，不但国家要启动预案，省、市、县均要启动预案。

(2) 当突发事件跨越两个以上市级行政区域或超越了事发地公路管理部门和交通运输主管部门的应急能力时，启动上一级的应急预案

我国应急响应机制的总体方针是"统一领导、综合协调、分类管理、分级负责、属地管理"。其中，"属地管理"强调的就是事发地政府的应急责任；"分级负责"强调的是当突发事件的应急响应超出了事发地政府的应急能力，由上一级政府负责。因此，更符合现实情况的分级响应应该是基于政府应急能力。对于交通运输主管部门而言，当公路交通突发事件发生时，不管级别大小，事发地公路管理部门与交通运输主管部门都要进行应急处置；当突发事件超越了事发地公路管理部门和交通运输主管部门的应急能力时，要启动上一级的应急预案。这其中有一种典型情况，当公路交通突发事件跨越两个以上市级行政区域时，需要省交通运输厅进行协调时，可视为超出市一级公路管理部门和交通运输主管部门的应急能力，这时也要启动省级预案。这是应急响应的第二种工作机制，更符合实际情况。

(3) 当发生自然灾害时，政府启动相应应急预案后，相应级别的交通生命线网络管理预案对应启动

当发生其他突发公共事件时，按上级应急指挥中心指令，需要启动相应预案给予交通保障的，交通生命线网络应急管理预案随机启动。这是第三种工作机制。这一机制保证了本预案与其他相关预案的联动关系。

4. 保障机制

就公路交通突发事件而言，相关的保障主要包括经费保障、人员保障、装备保障和通信保障。

9.4 动态应急方案的生成过程构建

通常意义上的应急管理一般是静态的,制定交通生命线网络应急预案也是在静态情况下,预先制定好的一个方案,它与实际发生的灾害并无直接的联系和相关性,可是却在事件发生之前通过制定相应的计划来组织、指挥、协调、控制等管理活动。而重大自然灾害具有突发性和不确定性,动态的应急管理能够根据灾后应急过程中逐步表现的形式及特征来做出相应的决策。静态的应急管理是自然灾害应急的基础框架,动态应急管理就是建立在这种框架上的,直接解决现实灾害应对的导向策略体系。它具有连续性、实时性、动态特征性,需要用系统的、动态的方法进行风险控制,以减少实施过程中的不确定性,在此基础上的动态应急预案就是针对灾后应急过程中的不同阶段做出的详细的应急救援方案。本章将对动态应急预案的生成过程进行详细研究。

9.4.1 贝叶斯分析法

重大自然灾害的应对存在着信息不完整的特点,因此对信息的获取贯穿于整个灾后的应急处置过程。在灾后应急过程中,伴随着信息的不断更新,需要运用动态的博弈思维不断改变对事件的判断,采取合理的应急救援措施。动态博弈思维是指在信息不完整的状态下通过动态地、连续性地获得信息来对事件进行实时判断,这种思维对制定动态应急预案非常重要。目前,大多数学者以分析应急处置中的博弈对象的关系为出发点,构建信息缺失状态下大概的博弈过程,再运用贝叶斯分析方法生成动态应急预案。

贝叶斯分析方法建立在人们根据不完整的信息做出推测和决断,对可能状态的概率做出评估的基础之上,它的思想类似于条件概率理论,是在没有信息获知的情况下,决策者对事件发生的概率有一个天然的认识,称为事件的先验概率。随着不断搜集获取信息,决策者对事件的了解进一步加深,便会对事件发生的概率进行修正,这个新形成的概率称为后验概率。多阶段应急管理预案的动态生成主要以贝叶斯分析方法推断出的后验概率为基础。

9.4.2 事件判断

灾害发生以后,应急指挥中心根据相关部门上报的灾情信息结合过去发生灾害的情况,判断灾害所处的状态有哪几种,以及每一种状态可能发生的概率;同时听取相关专家的建议,专家经过专业的分析结合相关经验给定灾害所处各种状态的概率,在此基础上,根据专家的专业程度确定专家判断事故的准确率。此时便可根据贝叶斯方法对事件所处各状态的概率进行综合修订,得到更加准确的灾害状态概率。

9.4.3 应急预案的选择

修正后的灾害所处概率更加准确地反映了灾害所处各种状态的可能性,针对不同的灾害状态采取相对应的应急预案能够达到更高的效用,此时可运用根据相关经验和现场调研得到的效用值表来计算采用各种方案在此阶段所能达到的期望效用值。选取期望效用值能够达到的最大方案作为本阶段的最佳方案。至此,一个阶段的动态应急方案的确定完成。如果第一阶段处理之后事故还没有得到控制,则进入下一阶段应急方案的选择与确定,其过程与第一阶段流程相同,直到应急救援结束。图9.17反映了动态应急预案确定的过程。

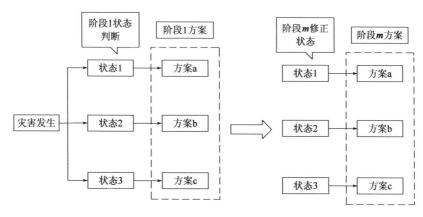

图9.17 动态应急预案确定过程

第一阶段：应急指挥中心根据已知的灾情信息判断灾害处于何种状态的概率，以阶段方案中的第 k 个方案作为行动的方案空间，每个方案对应一个由灾害类型、灾害阶段、应急指挥方案等因素组成的效用函数，应急指挥中心选择能够实现最大期望效用的方案实施救援。应急指挥中心可以通过分析历史数据或听取专家的判断来对事故状态的概率进行修正。

第二阶段：在第一阶段应急救援完成后，"灾害"继续选择自己的行动，也就是选择灾害状态。应急指挥中心对该阶段处置的结果进行评估，同时更新灾情信息，修正灾害所处的状态，从而得到这一阶段中关于灾害所处状态的后验概率，再采用期望效用最大的方案对事故进行控制或解决。

第 m 阶段：对于第 $m-1$ 阶段应急指挥中心采取救援方案，"灾害"选择自己所处的危机状态。应急指挥中心对 $m-1$ 阶段结果进行评估并更新信息，对灾害所处状态的概率进行修正，得出次阶段的后验概率，运用贝叶斯分析方法，采用期望效用最大的方案对第 m 阶段的事故进行救援，直到完全控制事件。

9.5 应急预案效果评价

应急预案实施效果评价问题的具体过程概括如下。

首先要进行理论准备，确定评价对象，明确评价目的；然后选择或构建评价指标体系，确定评价方法；最后进行综合评价并分析评价结果，评价结果达到预期评价目的，评价问题结束，否则继续修正指标体系或构建新的评价模型进行重复评价，直到达到预期评价目的为止。具体评价流程如图 9.18 所示。

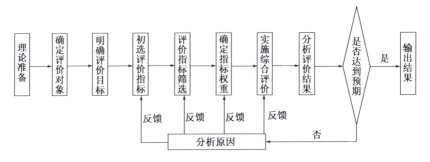

图 9.18 应急预案实施效果评价

9.5.1 评价指标体系构建

评价指标体系由一系列相互独立的评价指标组合而成,各评价指标之间能够相互补充,从不同角度全面、客观反映应急预案实施效果。因此,科学合理地建立评价指标体系是预案实施效果评价成功的关键。

9.5.1.1 评价指标构建原则

交通生命线网络应急预案体系的设置不能是主观性的空想,评价指标体系是用来评价当前一个预案的科学性、可操作性和有效性,所以,必须按照一定的原则进行。建立某项预案评价指标体系,是要在对所属领域知识充分了解的基础上,秉着科学、系统、可操作的原则。对于一般性的应急预案评价体系,评价指标体系的建立除了遵循以上原则之外,还需要遵循下列原则:

①全面性原则。全面性是根据评价目的,从多角度、全方位选取评价指标,使其能够全面反映评价问题本身,也可以反映指标体系的详细程度。

②可行性原则。选取的评价指标应不仅仅只满足全面,同时应满足可行性。可行性是指所选取的指标可以度量或者说可以评价,并且数据易得、真实可靠。

③代表性原则。评价应急预案的有效性时,由于评价问题本身的复杂性限制,不能选择所有的因素作为评价指标。所以选择的少数指标需要具有能够代表全局的特性。

④独立性原则。指标体系构建的目的就是全面准确地对应急预案进行评价,但过于冗余的指标体系会增加评价问题的难度,从而影响评价效果。因此,拟定的评价指标应在尽可能全面的基础上减少重复和交叉,保证指标的实用性。

⑤目的性原则。目的性就是指评价指标的选取是要从评价的目的出发,也就是说,要明确选取的指标是针对预案编辑的完整性、科学性还是针对预案实施的时效性、经济性。

9.5.1.2 指标体系构建过程

评价指标体系的设计是一个"抽象—具体—系统"的辩证逻辑思维过程,人们对应急预案的认识过程在逐步深化,对评价目标的理解在逐步深刻,因此评价指标的选取也应随之逐步完善,最终形成科学化、系统化的体系结构。本书将应急预案实施效果评价指标体系的建立过程分为三个部分,分别为前期的理论准备、评价指标的初步选取和评价指标体系完善。具体的评价指标体系构建过程如图9.19所示。

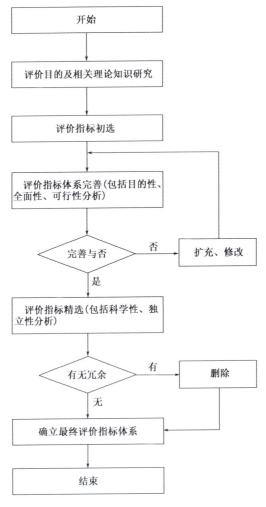

图9.19 评价指标体系构建过程

(1)理论准备

首先,要充分学习应急预案领域内的知识,对应急预案的评价问题有一定深度和广度的认识,然后要大量搜集材料,对所要评价的问题甚至是相关领域内现有评价指标体系的基本情况要全面掌握。同时,选定所评价问题领域内有一定知识沉淀且经验丰富的专家,为指标体系建立奠定基础。

(2)评价指标体系初选

在基础理论准备的基础上,依靠选定的领域内专家、学者,针对所评价应急预案的内容以及评价的目的,结合经验知识并兼顾评价指标制定的各项原则,罗列提出评价指标,从而对评价指标体系进行初步确定。

(3)评价指标体系完善

评价指标体系要满足完备性、合理性的确立原则,初步选取的评价指标是否能够全面地反映所评价的问题以及评价过程中指标的可行性都有待研究,所以对于初步选取的评价指标需要根据评价问题的自身特点,从评价目的入手,进一步对评价指标的全面性、可行性进行分析,补充、修改初选评价指标,使其能够全面客观地反映评价问题。

9.5.1.3 评价指标体系

重大自然灾害下,交通生命线应急管理预案各因素间存在着错综复杂、相互联系又相互制约的关系,对其评价是一个多目标、多属性的问题,所以采用层次分析法确定其指标权重。

想要客观地评判应急管理预案处置重大自然灾害事件的能力,应该从预案的完整性、可操作性、有效性、快速性、灵活性以及在保证处置效果前提下的费用合理性等几个方面来加以考察。这几个方面构成了应急预案实施效果的评价指标体系,如表9.16所示。

应急预案实施效果的评价指标体系　　　表9.16

项目	一级指标	二级指标	三级指标
静态评估	1 预防绩效	1.1 信息化水平	1.1.1 监控设备普及率
			1.1.2 信息发布设备普及率
			1.1.3 与气象等部门联系健全度
			1.1.4 基于GIS的可视化操作平台普及率
		1.2 预警能力	1.2.1 应急物资储备水平
			1.2.2 应急演练制度健全度

续上表

项目	一级指标	二级指标	三级指标
动态评估	2 过程绩效	2.1 信息反馈能力	2.1.1 第一时间报告能力
			2.1.2 灾害信息搜集能力
			2.1.3 灾害信息反馈技术水平
			2.1.4 灾害信息反馈工作效率
		2.2 灾情势态控制能力	2.2.1 灾害信息分析能力
			2.2.2 灾害信息现场控制能力
			2.2.3 交通疏导能力
			2.2.4 人员疏散能力
			2.2.5 控制灾情进一步扩散能力
		2.3 救援能力	2.3.1 救援设备装配水平
			2.3.2 救援专业队伍与人员配备
			2.3.3 物资储备
			2.3.4 运输保障能力
			2.3.5 信息沟通效率
	3 恢复绩效	3.1 处置结果	3.1.1 交通生命线是否有效控制
			3.1.2 交通秩序影响是否降到最低
			3.1.3 道路设施损坏是否得到恢复
		3.2 人员安抚	3.2.1 伤亡人员是否得到合理安排

9.5.2 评价模型

在重大自然灾害下交通生命线的应急管理预案的评价中,存在着许多不确定性的因素。一般地,可以把不确定性因素分为两类:一类具有随机性,另一类具有模糊性。前者要用概率统计学来加以研究,后者则要用模糊数学的理论来解决。就应急管理预案而言,它是一个具有模糊性的问题,使用模糊数学理论进行综合评价比较理想。

9.5.2.1 建立因素集

影响评价对象取值(得分)的各因素组成的集合称为因素集,因素集是普通集合,通常用字母 u 来表示,即 $u = \{u_1, u_2, \cdots, u_m\}$;因素集中的这些因素($u_m$)均具有模糊性。

9.5.2.2 建立权重集

1. 权重集的含义

各因素影响评价对象取值的重要程度不尽相同,为此,对各因素 u_i ($i=1,2,\cdots,m$)要赋予相应的权数 w_i ($i=1,2,\cdots,m$)。各权数组成的集合 $W = \{w_1, w_2, \cdots, w_m\}$ 称为因素权重集。

通常,各权数应满足归一性和非负性条件,即:

$$\sum_{i=1}^{n} w_i = 1 \quad (i=1,2,\cdots,m) \tag{9.1}$$

$$w_i \geq 0 \quad (i=1,2,\cdots,m) \tag{9.2}$$

权重集是一个模糊集合,为了清楚地表示权数与各因素间的对应关系,权重集也可表示为:

$$W = \frac{w_1}{u_1} + \frac{w_2}{u_2} + \cdots + \frac{w_m}{u_m} \tag{9.3}$$

在模糊综合评价中,权重是体现其重要性程度的数值,具有权衡比较不同评价因子间差异程度的作用。只有通过加权综合,才能揭示不同评价因子间的内在联系,使评价结果更接近和符合实际情况。在对应急管理预案做综合评价时,以各因子对应急管理预案贡献率的方法计算权重,即因子对应急管理预案越相关联,权数则越大。

2. 评价权重的确定

每个评价因素在综合评价中占有不同的权重,可以采用系统工程学的两两比较法来确定影响高速公路交通安全的各因素的权重。实践证明,这种方法可靠性较高、误差小。

(1)权重系数分析

心理学家认为,一个人同时比较判断多个因素是困难的,而两两比较重要程度是完全胜任的。因此,在 m 个目标(因素)中,每次只对两个因素进行比较,采用专家调查法,发放专家打分表(表9.17),根据反馈回来的专家调查表统计结果,计算可得到各层中不同评价因素的权重。

层次分析法打分表　　　　　表9.17

评价因素	u_1	u_2	u_3	...	u_m
u_1	1				
u_2	—	1			
u_3	—	—	1		
⋮	—	—	—	1	
u_m	—	—	—	—	1

注：当两个因素"同等重要"时，填"1"；当纵栏的因素比横栏的因素"稍微重要"时，填"3"；"明显重要"时，填"5"；"强烈重要"时，填"7"；"极端重要"时，填"9"；当重要程度介于两者之间时，则填"2""4""6""8"。当纵栏与横栏的因素比较的结果是后者比前者重要时，填入上述数字的倒数，如纵栏的因素比横栏的因素"稍微不重要"，则填"1/3"。填写时只在空白的格内填写。

将专家打分表表示成矩阵，令 $A = [a_{ij}]_{m \times m}$，称 A 为比较矩阵，其中比较矩阵具有的性质为：①$a_{ij} > 0$；②$a_{ii} = 1$；③$a_{ij} = 1/a_{ji}$。

(2) 权重系数的近似算法

①和法，步骤如下：

a. 对 A 按列规范化。

$$\bar{a}_{ij} = \frac{a_{ij}}{\sum_{i=1}^{m} a_{ij}} \quad (i,j = 1,2,\cdots,m) \tag{9.4}$$

b. 按列相加，得和数 $\bar{w}_i$。

$$\bar{w}_i = \sum_{i=1}^{m} \bar{a}_{ij} \quad (i,j = 1,2,\cdots,m) \tag{9.5}$$

c. 再规范化，即得到权重系数 w_i。

$$w_i = \frac{\bar{w}_i}{\sum_{i=1}^{m} \bar{w}_i} \quad (i,j = 1,2,\cdots,m) \tag{9.6}$$

②根法，步骤如下：

a. 对 A 按列元素求积，再求 $1/n$ 次幂。

$$\bar{w}_i = \sqrt[1/m]{\prod_{j=1}^{m} a_{ij}} \quad (i = 1,2,\cdots,m) \tag{9.7}$$

b. 规范化，即得权重系数 w_i。

$$w_i = \frac{\bar{w}_i}{\sum_{i=1}^{m} \bar{w}_i} \quad (i,j = 1,2,\cdots,m) \tag{9.8}$$

(3)一致性检验

成对比较矩阵通常不是一致矩阵($\lambda > m$),这就需要进行一致性检验。检验方法步骤如下。

a. 计算成对比较矩阵 A 的最大特征根 λ。

$$\lambda_{\max} = \frac{1}{m} \sum_{i=1}^{m} \frac{(AW)_i}{w_i} \quad (9.9)$$

b. 计算一致性指标 CI。

$$\mathrm{CI} = \frac{\lambda_{\max} - m}{m - 1} \quad (9.10)$$

CI = 0(即 $\lambda = m$)时,A 为一致矩阵;CI 越大,表示不一致程度越严重。CI 实质上是除 λ 外其余 $m-1$ 个特征根的平均值。

c. 计算一致性比率 CR。

$$\mathrm{CR} = \frac{\mathrm{CI}}{\mathrm{RI}} \quad (9.11)$$

RI 称为随机一致性指标,RI 的取值由表 9.18 确定。

RI 的取值 表 9.18

n	3	4	5	6	7	8	9	10	11
RI	0.58	0.90	1.12	1.24	1.32	1.41	1.45	1.49	1.51

d. 决定是否接受比较矩阵的判断及求得的权重系数,若 CR < 0.1,则接受;否则对 A 加以调整,重新计算。

通过上述分析可以得到各因素的权重系数,准则层评价指标相对于目标层的权重系数 $W = \{w_1, w_2, \cdots, w_m\}$,指标层各因素子集内部的权重系数 $W = \{w_{i1}, w_{i2}, \cdots, w_{im}\}$,$i = 1, 2, 3, \cdots, m_i$ 为各子集元素数量。

9.5.2.3 建立评价集

评价集是评价者对评价对象可能做出的各种评价结果所组成的集合,通常用大写字母 V 来表示,即:

$$V = \{v_1, v_2, \cdots, v_n\} \quad (9.12)$$

在对应急管理预案的评价中,可取评价集为:

$$V = \{优, 良, 中, 差\}$$

对应评分为：
$$\{4/4, 3/4, 2/4, 1/4\}$$

(1)单因素模糊评价

单独从一个因素出发进行评价,以确定评价对象对评价集中元素的隶属度,称为单因素模糊评价。一般情况下,设评价对象按因素集中第 i 个因素 u_i 进行评价,对评价集中第 j 个元素 v_j 的隶属度为 γ_{ij},其结果可表示成模糊集合。

$$R_i = \frac{\gamma_{i1}}{v_1} + \frac{\gamma_{i2}}{v_2} + \cdots + \frac{\gamma_{im}}{v_m} \quad (i=1,2,\cdots,n) \tag{9.13}$$

式中：R_i——单因素评价集。

以各因素评判集的隶属度为行组成的模糊矩阵 R 称为单因素评价矩阵,即：

$$R = \begin{bmatrix} \gamma_{11} & \gamma_{12} & \cdots & \gamma_{1n} \\ \gamma_{21} & \gamma_{22} & \cdots & \gamma_{2n} \\ \vdots & \vdots & & \vdots \\ \gamma_{m1} & \gamma_{m2} & \cdots & \gamma_{mn} \end{bmatrix} \tag{9.14}$$

(2)评价隶属度的确定

该模型中各评价指标隶属度也是通过采用专家评价打分方法来确定的。首先制作专家打分调查表(表9.19),对评价对象的每项指标根据专家经验和看法进行认定,在打分表上对应等级处打"√";再通过多位专家调查表的汇总,得到各因素对应于各等级的频数,经过归一化处理,即可得到各因素对应于各等级的隶属度,从而得到单因素评价矩阵 R。

专家意见统计表　　　　表9.19

评价因素	专家评分			
	优	良	中	差
u_1				
u_2				
u_3				
$\vdots$				
u_m				

(3)模糊综合评价

一般来说,同一事物均有多种属性,事物的不同侧面反映了它们的不同特征,所以,在评价事物时,不能只考虑一种因素,而必须兼顾事物的各方面。因此,为了综合考虑全部因素对评价对象取值的影响,需做模糊综合评价。

如果各因素的重要程度一样,也就是权重集中的诸权数 w_i 均相同,这时,只要将矩阵 R 中各列元素相加,便分别得到评价集中各元素的"得分"多少,若各因素权重不等,则需进行模糊矩阵运算。

$$V = W \times R \tag{9.15}$$

使用加权平均型模糊算子,根据计算综合评判结果,可以看出在综合评价中"优、良、中、差"哪个所占比例最大,说明目前重大自然灾害交通生命线应急管理预案总体上的效果是怎样的。

还可以通过进一步分析 R 值,了解专家对每一评价因素的总体评价结论,对于总体评价为"优"的,说明重大自然灾害交通生命线应急管理预案在该方面不错,需要继续保持;总体评价为"良"的,在该方面还有待完善;总体评价为"中"的,在该方面有待进一步提高;总体评价为"差"的,需要重新研究该方面各级指标的改善措施,以期全面提高应急能力。

9.6 本章小结

本章针对重大自然灾害下应急管理预案及应急预案的动态生成进行了研究。

首先建立了公路交通应急响应流程、重大自然灾害的分级标准及应急运行机制,为应急预案的编制提供了基础。

其次,基于贝叶斯分析法,本章针对灾后应急预案的动态选择进行了研究,建立了针对预案选择的阶段过程和方法。针对预案的实施效果评价,从静态评估和动态评估两方面,建立了包含预防、过程、恢复全过程的应急预案实施效果评价指标体系,该体系按照层次分析法的原则划分为三级指标,涵盖了预案实施的各环节。引入模糊综合评价方法对重大自然灾害下交通生命线网络应急管理预案的实施效果进行评估,通过使用加权平均型模糊算子计算综合评价中的得分情况,作为重大自然灾害交通生命线应急管理预案总体实施效果的判断依据;也可以依据每一个评价指标的得分情况判定应急预案在该方面是否需要改进完善。

第 10 章　交通生命线网络应急管理系统

10.1　应急管理系统框架

交通应急管理系统是以公共安全技术为核心,基于信息技术的支撑,整合相关软硬件的突发事件交通网络应急保障技术系统,是实施应急指挥、预案的重要工具。它具有日常应急管理、事件风险分析、状态监测监控、事件发展的预测预警、动态决策、综合协调与联动以及模拟演练等功能,可以动态生成指挥方案、救援方案、保障方案等。

对于突发事件的应急处置,其成功与否很大程度上取决于是否具备了完备的发现事件、分析事件与控制事件的能力,可以形容成人的"眼""脑"与"手"。因此,整个管理系统可分为监测(监测、监控与信息接报)、决策(应急决策分析与评估)、实施(应急指挥与应急处理)三大部分,而针对不同的管理对象与管理目的,则是在这一基础上再进行细分。而针对交通生命线网络的应急指挥管理,其检测对象为交通生命线,即交通运输通道,应急事件则是重大自然灾害及由其引起的其他次生事件,决策则针对运输通道的现状、预估及对应的应急通行、救援与抢修,实施则为具体的应急通行管理、救援与抢修实施。

10.1.1　管理信息系统基础分析

管理信息系统就是我们常说的 MIS(management information system),在强调管理、强调信息的现代社会中它变得越来越普及。MIS 是一门新的学科,它跨越了若干个领域,如管理科学、系统科学、运筹学、统计学以及计算机科学。在这些学科的基础上,形成信息搜集和加工的方法,从而形成一个纵横交织的系统。

管理信息系统的开发过程一般包括系统开发准备、系统调查、系统分析、系统设计、系统实现等步骤。根据开发系统的大小、复杂程度、投入、方式、方法等因素的不同,各步骤的要求和内容也不同,用户需要根据实际情况进行取舍和计划。

10.1.2 管理信息系统功能及模块设计

管理信息系统是建立在 GIS 应用平台基础之上的,GIS 平台有着可视化、精确定位等优点,根据用户需求和系统的工作流程、工作框架与工作模式,研究确定系统的功能和模块。

数据是交通生命线网络应急管理系统的驱动核心,应急管理系统是一个多层次、多部门、多功能,且动态变化的复杂巨系统。系统内众多要素在物质、信息和能量的流通与交换过程中,通过相互作用、相互影响、相互依赖和相互制约,构成多重反馈从而组成了具有一定结构和功能特点的复合系统。

10.1.3 基础数据库设计

基础数据库指在历史路网运行环境下逐步积累的针对生命线路网基本状态的数据记录与更新,主要包括路网基本数据库、道路基本数据库、道路运行数据库及灾害基本数据库几部分。这些数据库由交通运输主管部门、公路建设部门、气象部门及地质部门共同协作构建,同时根据新增事件与资料进行不定期的更新,以保证在突发重大自然灾害发生时能够准确获得原有生命线路网的基本情况,结合灾害信息推断灾后交通生命线状态。

10.1.3.1 路网基本数据库

路网基本数据库主要包含以下几部分:①路网基本信息;②路网路段特性;③路网节点信息;④公路重大基础设施信息。

10.1.3.2 道路基本数据库

道路基本数据库是在路网基本数据库的基础上,对路网内组成道路的属性进行详细整理与记录,包括道路的名称、级别、起终点桩号坐标、基本设计标准、建设年代、路面结构等。

10.1.3.3 道路运行数据库

道路运行数据库是指道路在运行过程中所积累的交通信息数据,特别包含了道路事故数据、交通流量及交通组成等数据。这一部分数据由交通运输主管部门提供,用于对现有道路的运行状态进行直观记录,同时在评估生命线网络交通服务水平时起到重要的作用。

10.1.3.4　灾害基本数据库

过去受到自然灾害破坏的相关信息主要包括灾害类型、灾害发生位置、灾害强度、灾害深度、灾害持续时间、灾害发生时间。

10.1.4　生命线网络信息

生命线网络信息主要从信息的类型、等级、信息内容及信息发布流程这几个方面进行分析。

10.1.4.1　信息分类

根据重大自然灾害下交通生命线影响因素分析,可将生命线网络信息分为以下六类:

①气象监测、预测、预警信息。
②破坏性地震监测信息。
③突发地质灾害监测、预测信息。
④洪水、堤防决口与库区垮坝信息。
⑤公路损毁、中断、阻塞信息。
⑥重要客运枢纽旅客滞留信息。

10.1.4.2　信息分级

根据交通运输突发事件对公路运行状态影响的大小、程度将信息等级分为四级(内部),即Ⅰ级(特别重大)、Ⅱ级(重大)、Ⅲ级(较大)、Ⅳ级(一般),分别用红色、橙色、黄色、蓝色进行区分。

10.1.4.3　信息内容

公路运行状态信息主要包含:
①信息上报人主要情况。
②信息基本情况。

③公路、桥梁、隧道工程设施运行信息。
④公路阻断信息。
⑤人员伤亡情况。
⑥其他涉路信息。

10.1.4.4　发布流程

公路运行状态信息主要由公路路政管理部门进行上报和发布,具体流程如图10.1所示。

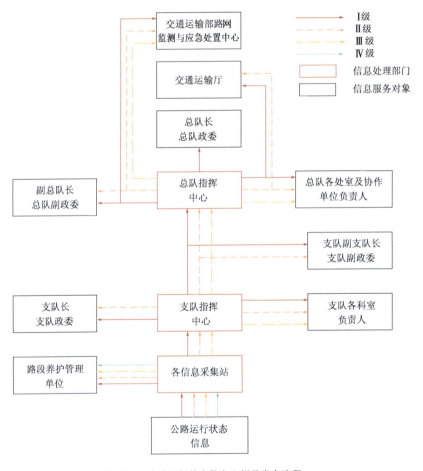

图10.1　公路运行状态信息上报及发布流程

10.2 生命线诊断

10.2.1 信息检测

10.2.1.1 智能信息融合

按照地震应急指挥中心指示,各部门采用不同信息采集方式进行灾情监测,采集的数据通过不同的信息传输方式传送给国家地震应急指挥中心,采集流程参见图3.1。

群测群防的防灾减灾运行体系如图3.3所示。

10.2.1.2 地震

地震烈度,是表示某一区域范围内地面和各类建筑结构遭受到一次地震影响的平均强弱程度的指标,反映了在一次地震中一定地区内地震动多种因素综合强度的总平均水平,是地震破坏作用大小的一个总评价。

10.2.1.3 泥石流

影响泥石流发生的自然因素很多,但起决定作用的是地质、地貌、气候、水文、植被等因素,这几种因素的有机组合是构成泥石流的三个基本条件,即丰富的松散固体物质、足够的水源和陡峻的地形。泥石流的发生未必对所有道路都会产生破坏,具体是否产生破坏与泥石流是否发生在公路旁、严重程度及公路边坡防护情况有关。

10.2.1.4 滑坡

滑坡是地质灾害中的一种,是指地层内部或地表上的土石体,在地下水、重力等作用下失去原有的稳定性,沿着一定面向下运动的现象,其形成的主要条件有:①地质条件和地貌条件;②内外应力和人为作用的影响。

10.2.1.5 暴雨

公路设施水毁因洪水、强地表降水或持续降雨诱发,水毁类型包括:
①边坡坍塌、路基边坡滑移、路基沉陷、路基整体坍塌和路基冲断。
②桥梁构造物即桥台破坏、桥墩破坏、拱圈开裂、桥梁上部附属结构物破

坏和桥梁整体滑移或坍塌。

③涵洞构造物即拱涵拱脚、拱圈破裂、盖板涵进口处沟床基础裸露、盖板涵出口处垂裙裸露以及涵洞整体倒塌等。

10.2.2 交通生命线网络诊断

10.2.2.1 道路破坏诊断

无法获取足够的灾害信息时,可通过研究建立的基于内在规律的道路破坏诊断技术进行诊断。

(1)基于贝叶斯分析方法的公路水毁诊断(图10.2)

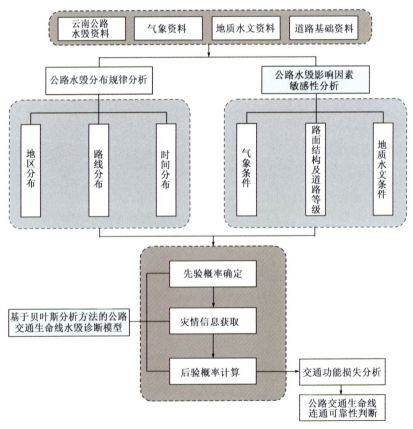

图10.2 基于贝叶斯分析方法的公路交通生命线破坏快速诊断模型建立流程

(2)基于地震烈度的公路震害诊断(表10.1)

公路路基震害分级 表10.1

震害等级	道路交通功能
一级—轻微	不影响通车
二级—中等	经简单处理即可顺利通车
三级—严重	无法通行,经过一定时间清理才能通车
四级—损毁	无法通行,经过长时间清理才能恢复通车

10.2.2.2 灾后通路分析

灾后通路分析的主要内容包括:
①对破坏的道路赋予不同权重(即阻抗)。
②预先设定评价指标:通行时间、安全交通流、通行安全性。
③利用通路算法进行计算。
④所有道路不通情况下的抢通路径选择,抢通耗时、抢通所需物资计算。
⑤通路计算结果排序与显示。
根据评价指标,对通路进行评价后排序,以不同颜色在地图上进行显示。

10.2.2.3 救援决策

地震灾害应急通行等级划分如表10.2所示。

地震灾害应急通行等级划分 表10.2

响应等级	应急通行需求	灾后救援时间	应急通行等级
地震Ⅰ级	打通道路交通生命线,保证医疗、救灾队伍能够徒步到达灾区	0～24h	一级
	保证医疗、救援车辆能够通行,到达灾区	24～48h	
	保证物资运输车辆能够到达灾区	48～72h	
	保证多条道路交通生命线连通	3～7d	二级
地震Ⅱ级	保证医疗、救援、物资运输车辆能够通行,到达灾区	0～24h	一级
		24～48h	
	保证多条道路交通生命线连通	48～72h	二级
		3～7d	三级

续上表

响应等级	应急通行需求	灾后救援时间	应急通行等级
地震Ⅲ级	保证多条道路交通生命线连通	0~24h	二级
		24~48h	
	能够基本恢复灾前道路交通状况	48~72h	三级
		3~7d	
地震Ⅳ级	保证多条道路交通生命线连通	0~24h	三级
		24~48h	
	能够基本恢复灾前道路交通状况	48~72h	四级
		3~7d	
泥石流Ⅰ级	打通道路交通生命线,保证医疗、救灾队伍能够徒步到达灾区	0~24h	一级
	保证医疗、救援车辆能够通行,到达灾区	24~48h	
	保证物资运输车辆能够到达灾区	48~72h	
	保证多条道路交通生命线连通	3~7d	二级
泥石流Ⅱ级	保证医疗、救援、物资运输车辆能够通行,到达灾区	0~24h	一级
		24~48h	
	保证多条道路交通生命线连通	48~72h	二级
		3~7d	三级
泥石流Ⅲ级	保证多条道路交通生命线连通	0~24h	二级
		24~48h	
	能够基本恢复灾前道路交通状况	48~72h	三级
		3~7d	
泥石流Ⅳ级	保证多条道路交通生命线连通	0~24h	三级
		24~48h	
	能够基本恢复灾前道路交通状况	48~72h	四级
		3~7d	

10.2.2.4 应急预案分析

根据灾害的响应标准启动对应级别的应急预案,如表10.3所示。

分级响应标准　　　　　　　　表10.3

等级	Ⅰ级	Ⅱ级	Ⅲ级	Ⅳ级
分级标准	某一省（区、市）行政区域内,发生特别重大自然灾害,一次灾害过程出现下列情况之一的： a. 死亡200人以上； b. 紧急转移安置或需紧急生活救助100万人以上； c. 倒塌和严重损坏房屋20万间以上； d. 干旱灾害造成缺粮或缺水等生活困难,需政府救助人数占农牧业人口30%以上,或400万人以上	某一省（区、市）行政区域内,发生重大自然灾害,一次灾害过程出现下列情况之一的： a. 死亡100人以上、200人以下； b. 紧急转移安置或需紧急生活救助80万人以上、100万人以下； c. 倒塌和严重损坏房屋15万间以上、20万间以下； d. 干旱灾害造成缺粮或缺水等生活困难,需政府救助人数占农牧业人口25%以上,或300万人以上	某一省（区、市）行政区域内,发生重大自然灾害,一次灾害过程出现下列情况之一的： a. 死亡50人以上、100人以下； b. 紧急转移安置或需紧急生活救助30万人以上、80万人以下； c. 倒塌和严重损坏房屋10万间以上、15万间以下； d. 干旱灾害造成缺粮或缺水等生活困难,需政府救助人数占农牧业人口20%以上,或200万人以上	某一省（区、市）行政区域内,发生重大自然灾害,一次灾害过程出现下列情况之一的： a. 死亡30人以上、50人以下； b. 紧急转移安置或需紧急生活救助10万人以上、30万人以下； c. 倒塌房屋和严重损坏房屋1万间以上、10万间以下； d. 干旱灾害造成缺粮或缺水等生活困难,需政府救助人数占农牧业人口15%以上,或100万人以上

10.3　测试系统开发

分析对比现有的主流 GIS 应用平台及编程环境,根据系统需要确定系统的 GIS 应用平台以及编程开发环境。对系统进行编码设计,开发系统,并进行测试。

10.3.1　登录界面

登录界面用于确保交通生命线应急管理平台的合法使用,用于限定特定人员操作使用过程中的管理与记录,其中主要包含用户名与密码的输入、登录日志的记录、帮助说明文件的显示等。

根据登录用户的用户名与密码,确定登录者的用户类型,进而显示相对应的程序界面及程序功能限制。

用户主要包含以下几个类型:

①系统平台维护人员。

②系统演示人员。

③系统使用者。

④系统数据更新人员。

10.3.2 系统基础数据

系统基础数据包括地市属性表、县域属性表和灾害属性表,分别如图10.3~图10.5所示。

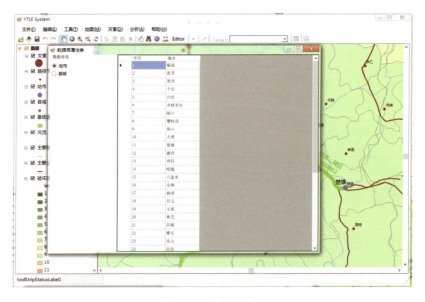

图10.3 地市属性表

10.3.3 破坏诊断

破坏诊断分为灾害识别、破坏诊断和通路分析三个方面,相关界面图略。

第 10 章　交通生命线网络应急管理系统

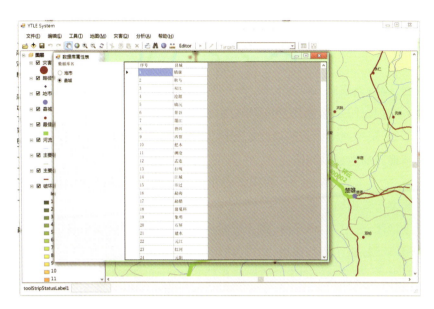

图 10.4　县域属性表

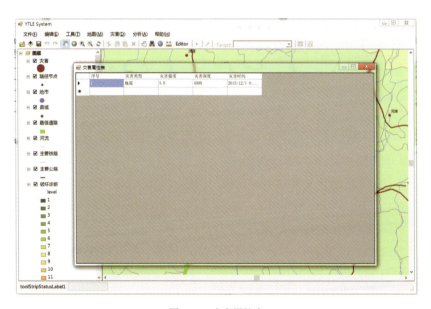

图 10.5　灾害属性表

参考文献

[1] 任玉环,刘亚岚,魏成阶,等.汶川地震道路震害高分辨率遥感信息提取方法探讨[J].遥感技术与应用,2009,24(1):52-56.

[2] 王龙.基于遥感影像的地震灾害损失评估方法研究与实现[D].北京:中国地震局地震预测研究所,2007.

[3] 范一大,王磊,聂娟,等.我国低温雨雪冰冻灾害遥感监测评估技术——研究与应用[J].自然灾害学报,2008,17(6):21-25.

[4] 王艳萍,姜纪沂,林玲玲.高分辨率遥感影像中道路震害信息的识别方法[J].计算机工程与应用,2012,48(3):173-175,227.

[5] 刘虎成.基于遥感图像的道路变化检测[D].北京:北京邮电大学,2024.

[6] 江懿楠.基于深度学习的高精度遥感图像道路识别与提取的研究[D].杭州:杭州电子科技大学,2023.

[7] MONGA O,ARMANDE N,MONTESINOR P. Application to satellite data and medical images[J]. Computer Vision and Image Understanding,1997,67(3):285-295.

[8] 鄢丽静.生态环境专题要素的多层次遥感信息提取方法研究——以水体提取为主要案例[D].北京:中国科学院,2009.

[9] 王传英.基于信息融合技术在煤层自然发火预测系统中的研究[D].阜新:辽宁工程技术大学,2006.

[10] 彭力.信息融合关键技术及其应用[M].北京:冶金工业出版社,2010.

[11] HALL D L. Mathematical technique in multisensor data fusion[M]. Massachusetts:Artech House,1992.

[12] 康耀红.数据融合理论与应用[M].西安:西安电子科技大学出版社,1997.

[13] 刘同明,夏祖勋,解洪成.数据融合技术及其应用[M].北京:国防工业出版社,1998.

[14] 刘纯平.多遥感信息融合方法及其应用研究[D].南京:南京理工大

学,2002.

[15] 陈建军,于雷,陈旭梅,等.路网可靠性评价方法综述[J].城市交通,2008,6(1):67-71.

[16] 熊志华,邵春福.路网可靠性研究的回顾与展望[J].交通运输系统工程与信息,2003,3(2):77-80.

[17] BELL M G H, CASSIR C. Reliability of transport networks[M]. United Kingdom:Research Studies Press Ltd,2000.

[18] BELL M G H, LIDA Y. The network reliability of transport:proceedings of the 1st international symposium on transportation network reliability (INSTR)[M]. Oxford:Elsevier Science Ltd,2003.

[19] NICHOLSON A, DANTAS A. The network reliability of Transport:proceedings of the 2nd international symposium on transportation network reliability (INSTR)[M]. Oxford:Elsevier Science Ltd,2004.

[20] 熊志华,姚智胜,邵春福.基于路段相关的路网行程时间可靠性[J].中国安全科学学报,2004,14(10):81-84.

[21] 刘海旭,蒲云.基于路段走行时间可靠性的路网容量可靠性[J].西南交通大学学报,2004,39(5):576-578.

[22] 方欢,高爱霞.交通系统可靠性研究综述[J].福建公安高等专科学校学报,2007,(5):77-78.

[23] 况爱武,欧阳媛,李炳林.路段容量随机下降路网的行程时间可靠性[J].长沙交通学院学报,2007,23(3):15-19.

[24] 李先.城市路网可靠性评价的实证研究——以北京为例[D].北京:北京工业大学,2007.

[25] 朱顺应,王炜,邓卫,等.交通网络可靠度及其通路算法研究[J].中国公路学报,2000,13(1):91-94.

[26] 郭旭亮.灾害事件下路网交通运行态势评估方法与系统研发[D].西安:长安大学,2023.

[27] PEROTTO-BALDIVIEZO H L, THUROW T L, SMITH C T, et al. GIS-based spatial analysis and modeling for landslide hazard assessment insteeplands, southern Honduras[J]. Agriculture, Ecosystems and Environment,

2004,103:165-176.

[28] 乔彦肖,邓素贞,张少才.冀西北地区泥石流发育的环境因素遥感研究[J].中国地质灾害与防治学报,2004,15(3):35-38.

[29] 李加洪,蒋卫国,张松梅,等.基于遥感和GIS的西藏帕里河滑坡动态监测分析[J].自然灾害学报,2006,15(4):24-27.

[30] 于福莹.重大自然灾害环境下路网运行状态评估及应急保障研究[D].秦皇岛:燕山大学,2016.

[31] 李杰,邢燕.基于可靠度的生命线工程网络抗震设计[J].同济大学学报(自然科学版),2010,38(6):786-788.

[32] 樊军,柳本民,郭忠印.公路重大交通基础设施哑铃型路网构网算法[J].同济大学学报(自然科学版),2007,35(4):1876-1880.

[33] 王晓飞.灾变条件下通道路网运营安全管理及应急处置研究[D].上海:同济大学,2008.

[34] GAO S,FREJINGER E,BEN-AKIVA M. Adaptive route choice models in stochastic time-dependent networks[J]. Transportation Research Record: Journal of the Transportation Research Board,2009,2085:136-143.

[35] 邵明洋.震后交通系统通过能力研究[D].哈尔滨:中国地震局工程力学研究所,2009.

[36] 闫化海,徐寅峰.不完全信息下交通网络最短路径关键边问题[J].系统工程,2006(2):37-40.

[37] 林宇.美国的灾害紧急救援管理[J].安全与健康,2003(17):52-53.

[38] 曾松,杨晓光.日本的灾时交通管理系统[J].国外公路,1999(5):5-10.

[39] 杨兆升,初连禹.动态路径诱导系统的研究进展[J].公路交通科技,2000(01):36-40.

[40] 柳本民.灾害性天气下高速公路运行安全控制技术研究[D].上海:同济大学,2008.

[41] 齐莹菲,柳本民,郭忠印.基于GIS的高速公路安全管理系统数据库框架设计[J].交通与计算机,2006(6):60-64.

[42] TAYLOR W C. Speed zoning guidelines: a proposed recommended practice[J]. Institute of Transportation Engineers,1990(9):102-110.

[43] LAVE C,ELIAS P. Did the 65mph speed limit save lives[J]. Accident Analysis and Prevention,1994,26(1):49-62.

[44] SHANLKAR V,MANNERING F. Modeling the endogen city of lane-mean speeds and lane-speed deviations: a structural equations approach[J]. Transportation Research,1998(32):311-322.

[45] ALLABY P,HELLINGA B,BULLOCK M. Variable speed limits: safety and operational impacts of a candidate control strategy for freeway applications[J]. IEEE Transaction on Intelligent Transportation Systems,2007,8(4):671-68.

[46] 刘文智,彭辉. 高速公路雾区交通安全系统[J]. 公路运输文摘,2004(6):27-29.

[47] 高建平,郭忠印. 基于运行车速的公路线形设计质量评价[J]. 同济大学学报(自然科学版),2004,32(7):906-911.

[48] 殷涛,贾贤盛. 基于停车视距的高速公路雨天行车安全车速研究[J]. 北方交通,2009(1):150-152.

[49] 廖海峰,崔显忠,杜志刚. 雾天高速公路安全车速分析[J]. 交通科技与经济,2009,11(2):1-3.

[50] 刘俊德. 灾害条件下高速公路行车安全管理技术研究[D]. 西安:长安大学,2012.

[51] PAPAGEORGIOU M,HADJ-SALEM H,BLOSSEVILLE J M. ALINEA: a local feedback control law for on-ramp metering[J]. Transportation Research Record,1991(1320):58-64.

[52] 潘兵宏,赵一飞. 动视觉原理在公路线性设计中的应用[J]. 长安大学学报,2004,24(11):21-24.

[53] 姜紫峰,韩锡令. 高速公路交通流中等密度区的可变速度和入口匝道联合控制[J]. 西安公路交通大学学报,1994(04):58-62.

[54] 谭满春,徐建闽,毛宗源. 高速公路交通流的建模与入口匝道最优控制[J]. 中国公路学报,2000(04):85-87.

[55] 丁建梅,王可崇. 高速公路入口匝道交通模糊控制研究[J]. 哈尔滨工业大学学报,2002(05):671-674.

[56] 钟小燕.气象灾害条件下高速公路应急救援系统的交通控制方法研究[D].成都:西南交通大学,2009.

[57] 王武功.特殊事件下山区高速公路安全运行管理研究[D].西安:长安大学,2014.

[58] 刘杨,云美萍,彭国雄.应急车辆出行前救援路径选择的多目标规划模型[J].公路交通科技,2009(8):136-139.

[59] 张杰,王志勇,许维胜,等.突发事件下应急救援路径选择模型的构建和求解[J].计算机应用研究,2011,28(04):1311-1314.

[60] 任其亮,曾柯,王坤.基于前景理论的应急交通疏散路径选择模型[J].重庆交通大学学报(自然科学版),2016,35(3):100-104.

[61] 李颖.我国高速公路突发事件应急管理体系研究——以S高速公路为例[D].南京:南京理工大学,2010.

[62] 吴宗之,刘茂.重大事故应急救援系统与预案导论[M].北京:冶金工业出版社,2003.

[63] 吕欣驰.城市火灾等级划分和救援力量预案编制[R].公安部沈阳消防研究所,2003.

[64] 吴宗之,刘茂.重大事故应急预案分级、分类体系及其基本内容[J].中国安全科学学报,2003,13(1):15-18.

[65] 杨静,陈建明,赵红.应急管理中的突发事件分类分级研究[J].管理评论,2005,17(4):37-41,8.

[66] 邵海鹏.公路网应对自然灾害系统框架研究[J].长安大学学报(社会科学版),2009,11(4):6-11,17.

[67] 何湘锋.基于灾害应急交通保障的关键路段管理研究[D].成都:西南交通大学,2011.

[68] 丁程.高速公路突发事件应急管理研究[D].西安:长安大学,2011.

[69] 王富.城市事故灾难道路交通应急组织理论与方法研究[D].武汉:华中科技大学,2011.

[70] 宋子祥.区域路网突发事件防控技术研究[D].西安:长安大学,2012.

[71] 王石钰.道路交通突发事件应急管理研究[D].大连:大连交通大学,2012.

[72] 王富,李杰,石永辉.城市突发公共事件交通应急组织方法研究[J].交通科技,2013(1):158-160.

[73] 钟小燕,刘澜.重大自然灾害下高速公路的交通控制[J].交通标准化,2010(7):68-69.

[74] 刘爱文,夏珊,徐超.汶川地震交通系统震害及震后抢修[J].震灾防御技术,2008(03):243-250.

[75] 李庆择.震后桥梁快速评估与应急处治技术研究[D].北京:北京工业大学,2011.

[76] 李春.地方干线公路桥梁与隧道突发断道应急抢修技术研究——结合重庆干线公路桥梁与隧道[D].重庆:重庆交通大学,2012.

[77] 陈乐生.汶川地震公路震害调查 桥梁[M].北京:人民交通出版社,2012.

[78] 陈乐生.汶川地震公路震害调查 路基[M].北京:人民交通出版社,2012.

[79] 陈乐生.汶川地震公路震害调查 隧道[M].北京:人民交通出版社,2012.

[80] 陈乐生.汶川地震公路震害调查 地质灾害[M].北京:人民交通出版社,2012.